■ 张小虎老师任奥克斯空调市场总监时接受经济半小时专访

■ 现代营销学教父米尔顿·科特勒为张小虎颁发“中国十大创意人”金奖。

■ 张小虎确实很厉害，能做，能写，能讲，做销售能征服市场，做培训能征服学员。

——派力营销咨询公司董事长 屈云波

■ 做销售就怕“认真”二字，张小虎做销售写文章最讲认真。

——《销售与市场》杂志社社长 李颖生

■ 张小虎老师的销售培训，别的咨询公司不要碰，也碰不得，那是几个量级、几个年代的差距。

——新日电动车公司总经理 赵学忠

■ 张小虎的销售演讲很逗，很有意思。

——凤凰卫视女主播 陈晓楠

■ 2010年3月，新日电动车公司耗资1000多万元，特邀张小虎老师在世界顶级豪华游轮——海洋神话号上为其全国优秀经销商培训，随后邀请张小虎老师为其6000家专卖店轮训40场。

■ 张小虎老师为新日电动车店长巡回培训

■ 张小虎老师为新日电动车促销员培训

■ 张小虎老师为金立手机贵阳促销员培训

■ 张小虎老师为金立手机安徽促销员培训

■ 张小虎老师为金立手机广州促销员培训

■ 张小虎老师为金立手机郑州促销员培训

■ 张小虎老师为金立手机浙江促销员培训

■ 张小虎老师为金立手机区域经理培训

■ 张小虎老师为美的小家电推广经理培训

■ 张小虎老师为小霸王数码精英培训

■ 张小虎老师为长虹3C店店长培训

■ 张小虎老师为奥克斯空调东南亚经销商培训

■ 张小虎老师为圣象地板店长培训

■ 张小虎老师为罗马里奥瓷砖经销商培训

学话术卖产品

张小虎◎著

北方联合出版传媒(集团)股份有限公司
万卷出版公司

图书在版编目（CIP）数据

学话术 卖产品/张小虎著. —沈阳：万卷出版公司，2012.1
ISBN 978-7-5470-1036-5

Ⅰ. ①学… Ⅱ. ①张… Ⅲ. ①销售—方法 Ⅳ. ①F713.3

中国版本图书馆 CIP 数据核字（2011）第 231907 号

出版发行：北方联合出版传媒（集团）股份有限公司
万卷出版公司
（地址：沈阳市和平区十一纬路 29 号 邮编：110003）
印 刷 者：三河市文阁印刷厂
经 销 者：全国新华书店
幅面尺寸：170mm × 240mm
字 数：195 千字
印 张：13
出版时间：2012 年 1 月第 1 版
印刷时间：2012 年 1 月第 1 次印刷
责任编辑：万 平
ISBN 978-7-5470-1036-5
定 价：32.00 元
联系电话：024-23284090
邮购热线：024-23284050 23284627
传 真：024-23284521
E-mail：vpc_tougao@163.com
网 址：http://www.chinavpc.com

常年法律顾问：李 福

自序　让普通导购成为销售精英

先问一个小问题：一家耐用消费品企业有100名导购员，销售一种同样功能同样型号同样价格的产品，这些导购员会有多少种说法？回答正确：99+1种。理论上讲，最能卖货百里挑一的说法只有1种，那么其他99种说法是不是瞎忽悠？为什么同样的品牌，同样的产品，同样的价格在各地的销售情况不一样？笔者常年反复监听各地导购员的销售录音发现，一家企业的导购员成千上万，真正文武双全能说会道的金牌导购员往往只有百分之一二，其他绝大多数导购员简直是信口雌黄、言不着调。

其实，这不能怪一线导购员，这与企业没有给他们提供标准的销售语言很有关系。产品制造需要生产工序，产品包装需要包装设计，产品广告需要广告创意，产品销售要不要销售语言？如今，企业供应链管理早已运用ERP，生产管理早已9000认证，财务管理早已电算化，你的终端销售升过级吗？你目前采用的是不是20年前老掉牙的旧办法？销售是一门语言科学，企业为什么不去开发一套标准的销售话术，让其全国各地的导购员用"同一个声音"销售同样一种产品？这个显而易见的问题几乎被绝大多数企业所忽视。

什么是销售话术?

销售话术就是销售的标准语言。它是通过市场调研把一个或多个优秀销售人员的销售语言、销售技巧提炼加工为格式固定、通俗易懂新的语言和技巧，即规范的销售话术。比如销售手机，一款手机有五六十个功能，在没有设计销售话术的时候，导购员的销售说辞是杂乱无章的。有的导购员先讲屏幕尺寸，有的先讲机身厚薄，有的讲音乐动听，有的讲照相清晰……到底先讲什么才能抓住消费者，如何讲解才能促成消费者购买？大多数导购员是没有概念的，只能凭经验拿消费者“试错”。个别情况下蒙对了实现了销售；多数情况下说错了，然后等下一个消费者再来。长此以往有多少销售时机被错过，有多少顾客给流失掉！

如果有一套标准化的销售话术，产品介绍的顺序就会被格式化，产品的介绍用语也会固定下来。

【金立手机 L600 销售话术】

开场：您好！看看金立最新推出的新待机王手机，它是行业内一款最强大最好用的手机。其他手机有的功能它都有，还有三点和其他手机不一样。

1. **超长待机**（演示：打开后盖，手指电池正中间）

这款新待机王，超长待机，可待机 38 天。您看它的电池 1800 毫安，多数手机 900 毫安，待机时间 1 台顶 2 台。您原来的手机多久充一次电？（比如，顾客回答 2 天）这款手机 4 天充一次。

2. **双卡双待**（演示：取下电池，手指 SIM 卡插槽）

您的朋友一定很多吧？这款手机双卡双待，一机双号，一个用于工作，一个用于生活，1 部手机 2 个号码，1 台顶 2 台。

3. **纯平触控**（演示：装电池，合后盖，转到正面，开启电源）

它采用最先进最时尚的纯平触控设计，防静电、抗油污，而且手写按键双输入，1 台手机 2 种用法。您的短信多时，手写更快；坐车摇晃不好手写，就用按键。1 台顶 2 台。

小结：它是行业内唯一一款同时具备纯平触控、超长待机、双卡双待功能的高档手机。双卡双待、超长待机不稀奇，但加上纯平触控就是手机行业独一无二的产品了……

这是笔者走访深圳、广州、成都等地的几十个金牌导购员之后，为金立手机设计的一套销售话术，被金立手机的营销总监归纳为“133 记忆法”，即，“一句话”开场，三个“不一样”，每个不一样只讲“三个要点”。通过各省的巡回培训，这一款手机一个月销售了 10 万部，相当于一个手机小厂家各款手机一年的总销量。

笔者还应邀给一家生产小海带的企业设计了另外一套销售话术：

【海之宝小海带销售话术】……………………………………………………●

第一，深海小海带是中日海带的杂交新品，营养独特，易于吸收，是海带中的极品。

第二，它生长于胶东半岛最东端最洁净的深海海域，无污染纯天然。

第三，它在春分前后收割，味道最为鲜美。

对比日常的老海带，第一是品种不同，中日杂交；第二是出生地不同，生长海域得天独厚；第三是收割期不同，比老海带早收割几个月，鲜嫩得像 18 岁的少女。短短几句话，精准地说出了产品的诱人之处。

销售话术的运用效果

看似简单的几句话术，对于一线的导购员来说，却有着极大的促进作用。以金立手机为例，通过话术培训，东莞五一节一天销售手机 4300 多台，贵阳五一销量翻 3 倍，金立语音王手机培训前后同比递增 77%……

武汉徐东国美卖场导购员周女士，第一次接触销售话术培训，当月销售这款手机 120 台。

广州中华广场四楼某手机促销员，原来卖服装，培训后第一天上班打电话给销售督导："我用张老师的话术销售，刚讲了一半，这个中年顾客就让我开票，我该怎么办？我还没有讲完呀！"……

东莞郑女士："金立 L600 上货一星期没有销售一台。培训结束后我没有下班回家，想去卖场验证一下培训中学到的方法，结果当晚 8 点就卖出去一台。后来，从一个月销售不到 10 台，到一个月销售 30 多台。"

话术从群众中来

为什么"张小虎导购话术"会有如此显著的效果？这是因为我们的课

程内容均来自企业内部一流的促销员和一流的业务员，即“从群众中来”。因为实践已经证明，他们的销售态度、销售方法、销售技能都已经非常成功。

在前期开发课程时，老师就像一只辛勤的蜜蜂，首先要用1－2个月的时间深入到企业几个核心销售区域的几十个核心门店，找到销量最多或者成交率最高的杰出经销商和导购员，然后扮演成消费者，去观摩体会这位销售精英是如何接待“顾客”的——说了哪些话，做了哪些演示，采用了哪些技巧，最终顺利促成了交易。然后组织经销商座谈，导购员座谈，消费者座谈，再进一步印证核实哪些动作是这位销售精英的销售绝招，以此提炼出该产品的介绍话术和销售技巧。课堂培训就是把这样提炼出的产品介绍话术和销售技巧强制复制到广大学员中去。

复制到群众中去

开发出实用的培训课程，只是成功了一半。学员掌握了课程的内容并充分运用到工作中去，才能达到培训目的。如何实现学员“今日学今日会，明天用明天销量翻一倍”的培训效果？

我们的培训方式叫“强制复制”或者“强化训练”。课堂培训分为三个步骤：

第一步死记硬背。老师下发销售话术让所有的学员背诵，而且由慢到快，越背越快。不分男女，不分老幼，不分学历，不论经验，必须在最短的时间内，背诵得滚瓜烂熟，形成“肌肉记忆”，让其张口即来、见人就说、不吐不快。

第二步角色演练。人人参与情景模拟，相互讲解10遍以上。不求速度，只求逼真。检查标准是语速、语调、眼神、肢体语言。

第三步人人过关。在老师和领导的监督下，分小组进行严格的面试考核。一人不合格，全小组不得课间休息、不得吃饭、不得睡觉。只有课堂“人人过关”，才能保证学员回到终端卖场后出口成章张口即来。

这种培训模式也是颠覆性的。就是由老师说学员听，转变为学员说老师听；由老师做学员看，转变为学员做老师看。学习流程为：跟我读，认真背，相互讲，上台练。严格抽查，人人过关。

这种训练的方式，在二战时期曾经用于训练军人。话说由于作战的需要，一个月之内必须急调100名美国士兵潜伏到德国做特工，那时候能征善战的士兵比比皆是，但是能说德语的美国兵却凤毛麟角。怎么办？只有强化训练。在美国某军事基地，精挑细选出来的100名美国士兵，开始了短短20天的德语集训。按照常理，要掌握另外一个国家的语言至少也要2年的时间，区区20天，美国大兵能够学会德语吗？时间有限，也只能听天由命。很快，这批美国军人被空投到德军阵地。此后的岁月这批德语速成班的美国兵虽然也有几个人被捕，但没有一个人是由于语言问题而被捕。足见话术演练是何等厉害！

重申从群众中来到群众中去的工作方法

引用毛泽东同志的话："凡属正确的领导，必须是从群众中来，到群众中去。"

"从群众中来"，就是深入群众，虚心倾听各方意见，获取来自于群众的大量真实材料，并且将这些材料进行去粗取精、去伪存真的科学"加工"，形成系统的、符合实际情况的方针、办法和政策。

"到群众中去"，就是把从群众中集中、提炼、概括而成的领导意见，通过深入的宣传教育和思想政治工作，使之化为群众的意见，付诸群众的实际行动，并在群众的实践中加以检验、丰富和发展。

请不要囫囵吞枣地阅读这些貌似"政治"的语言。谁能老老实实地坚持这一方针去开发培训课程，谁能扎扎实实地坚持这一方针授课训练学员，并"付诸群众的实际行动"，谁的培训就能给企业的业绩带来曙光。

张小虎

2011年7月于广州海滨花园

目 录 | Contents

自序 让普通导购成为销售精英

写在前面 告别最差劲的开场白 /1

第一章 你动我动产品动 主动接待留顾客

第一节 让自己动起来 /5
1. 心情激动起来 /5
2. 主动恭维顾客 /5
第二节 让产品动起来 /7
第三节 让顾客动起来 /9
第四节 案例拆解——主动接待怎么“动” /11
第五节 训练工具——主动是怎样炼成的 /15

第二章 桌椅茶水有没有 留住顾客不让走

第一节 要留住顾客的心 先留住顾客的人 /20
第二节 站着说话难留人 顾客入座易成交 /22
1. 留住顾客 /22

2. 卡住顾客 /22
3. 堵住顾客 /23
第三节　不怕顾客留不住　就怕不会找话题 /24
第四节　留住顾客的心　全凭导购员肯用心 /25
1. 万能小布包 /25
2. 售前备战清单 /25
第五节　案例拆解——留住顾客不让走 /27
第六节　训练工具——如何留住顾客 /31

第三章　顾客进店装哑巴　了解需求引导他

第一节　要了解顾客需求　先讨取顾客开心 /37
1. 从使用者入手了解需求的话术 /37
2. 从产品款型入手了解需求的话术 /37
第二节　站在顾客角度　了解不同的需求 /39
1. 顾客性别 /39
2. 顾客职业 /40
3. 扮演角色 /40
4. 关注款型 /41
5. 顾客状态 /42
6. 日常用途 /42
7. 时间 /42
第三节　学会明察暗访　认真观察顾客 /44
第四节　案例拆解——摸透男人心　雪茄卖三根 /46
第五节　训练工具——了解顾客的七大需求 /49

第四章　结合需求讲产品　触动顾客利益点

第一节　产品介绍实战高招 /55
1. 强调产品的与众不同 /55

2. 结合客户需求介绍产品利益 /55
3. 把介绍产品与了解需求相结合 /56
4. 讲产品特点　更要讲产品利益点 /56
5. 运用话术　事半功倍 /57
第二节　多产品介绍的顺序与流程 /59
1. 看人下菜　按需推荐 /60
2. 价位排序　各有千秋 /60
第三节　案例拆解——见招拆招讲产品 /64
【案例拆解一　国产手机销售大比武】/64
1. OPPO 手机 /64
2. 金立手机 /67
3. 万利达手机 /69
4. 京崎 E661 手机的“三心”销售话术 /70
【案例拆解二　销售少儿用品讨好家长或儿童】/72
1. 卖点提炼 /73
2. 功能演示 /74
3. 询问成交 /75
4. 巧问妙答 /75
5. 趣味活动 /76
第四节　训练工具——产品介绍的十大要点 /77

第五章　顾客砍价不手软　应对还价有方法

第一节　顾客初期来询价　不要直接回答他 /82
第二节　顾客中期来砍价　让价不多决心大 /84
1. 痛下决心策略 /84
2. 小幅让价策略 /86
第三节　后期砍价堵退路　柳暗花明又一村 /89
1. 退步示弱策略——山穷水尽疑无路 /89
2. 请示领导策略——柳暗花明又一村 /90
3. 得了便宜要卖乖——顾客感觉才便宜 /91

第四节　案例拆解——九轮砍价成一绝 /92
第五节　训练工具——讨价还价的三个策略 /98

第六章　功能异议巧变通　品牌异议妙总结

第一节　功能异议巧变通 /104
1. 人无我有　突出产品的优点 /104
2. 优劣参半　折中产品的缺点 /104
3. 区别对待　结合顾客利益点 /105
第二节　品牌异议妙总结 /107
1. 大品牌财大气粗　站着说话不腰痛 /107
2. 小品牌偷梁换柱　瞒天过海没商量 /108
3. 中品牌不为人知　价格模糊比性能 /110
第三节　案例拆解——汽油添加剂的异议处理 /112
1. 邀约提出来　说好三句话 /112
2. 毛病指出来　望闻问切法 /113
3. 瓶子拿过来　看车开处方 /114
4. 配方数出来　一二三四五 /114
5. 偷梁换柱来　品牌没商量 /115
6. 用量测出来　排气是参考 /115
7. 西医骂中医　同行是冤家 /116
第四节　训练工具——功能异议的辩证对决 /118

第七章　顾客拒绝使绊子　促成交易下套子

第一节　识别顾客购买的信号 /124
第二节　不同的信号　不同的处理策略 /125
1. 遇到红灯　继续介绍 /125
2. 遇到绿灯　快速下单 /127
3. 遇到黄灯　下个套子 /128

第三节　案例拆解——半推半就使绊子 /130
第四节　训练工具——看清信号说对话 /135

第八章　顾客犹豫不决时　让他参与让他试

第一节　新手上路耐心教　教会徒弟卖出车 /140
1. 试骑前的问话 /140
2. 试骑中的教练 /140
3. 试骑后的夸奖 /141
第二节　内行体验六要点　对比竞品是关键 /142
1. 内行试车的两项准备 /142
2. 内行试车的三种方式 /143
3. 内行试骑体验的六个要点 /143
第三节　两人结伴来试骑　夸赞男女有方式 /145
第四节　促销活动要造势　赚取眼球演杂技 /146
第五节　案例拆解——卖电熨斗的销售高手 /148
第六节　训练工具——试车六步法 /153

第九章　顾客当时不购买　留下电话再销售

第一节　电话销售是传统销售的必要补充 /157
第二节　索取电话号码的六种方法 /159
1. 请求顾客评价　告诉顾客答案 /159
2. 咱俩交个朋友　互换一下号码 /159
3. 存入我的号码　说出你的号码 /159
4. 传授养护秘方　得到顾客号码 /160
5. 近期优惠活动　等候电话通知 /160
6. 请你领份礼品　留个号码存底 /160
第三节　牢记电话回访的三套话术 /161
1. 拨通顾客电话的瞬间话术 /161

2. 通话中发出邀请的话术 /162
3. 结束电话前刺探信息话术 /163
第四节 掌握电话拜访的时机 /164
第五节 训练工具——电话销售的四个步骤 /166

第十章 当面交货当面验 使用说明练一遍

第一节 导购的成就 顾客的期望 /171
1. 交车的七个步骤 /171
2. 养车的九项告知 /172
第二节 惊喜的售后服务 /175
1. 巡回各乡镇售后服务 /175
2. 销售之后的顾客感动 /175
第三节 案例拆解——将细节做到极致 /177
【案例拆解一 裕兴电动车的三包服务】/177
1. 四个终身免费不要钱 /177
2. 三个一年免费不要钱 /177
【案例拆解二 “细”活儿时代的到来】/178
1. 处处留心做广告 /179
2. 扎扎实实做培训 /181
3. 无微不至做服务 /183
第四节 训练工具——感动老顾客的时间表 /186

写在前面　告别最差劲的开场白

话术，说话的技术。观察发现，销售一线的导购员最缺乏的就是这项技术，犹其是开场白话术。

卖钻戒不是卖白菜

到市场买菜，一个个菜贩儿争先恐后，众口一词，“老板，随便看看。”菜贩没有经过培训人云亦云无可厚非。到商场买衣服，服装导购员说“随便看看，现在买打五折”，顾客也没有说你的价格高，为什么脱口而出要打五折？见到顾客的第一句话为什么是千篇一律的“随便看看”？带着这一问题来到珠宝店，没想到到珠宝店导购员也是说“随便看看”。选一款套在指头上，导购员说大气，再选一款，导购员说大气，连选五款她都说大气，说得我直来气！来到第二家知名的珠宝专柜，还是“随便看看，大气”。走访十二家珠宝店，完全是一个腔调，只有一家，我试戴时说又大气又时尚。白菜 2 元一斤，销售话术第一句说“随便看看”没问题，钻戒 2 万元一枚，销售话术第一句也说“随便看看”就有问题。卖钻戒不是卖白菜，“随便看看”说给比尔·盖茨一类的亿万富翁可能没有问题。

售楼小姐的开启话术

几年前去某花园的售楼中心买房子，售楼小姐笑吟吟快步迎上来，开口就问：“先生，您的车停在哪里了？”我一头雾水，惊讶地如实说，我没有车呀！她更惊讶地说：“不会吧，您是大老板没有车？哦，我明白了，您是要么不买车，一买就是高档跑车那种人。”听得我心里很爽。近日，

开车去售楼中心买房子，售楼小姐张口即来："先生是开车来的吧？"我点点头，接着问她，你怎么知道？她说："一看您就是大老板。"我心里又是一爽。售楼小姐为什么老拿车说事？因为如今的小轿车就像古代的高头大马，是身份的象征。恭维目标消费者有车，这可能是约定俗成一个售房销售开启话术。这句话术比"随便看看"要高明很多。

主动相迎的四种话术

主动相迎是门店销售人员的重要专业素养之一。通常在客户接近柜台一定的距离，可以进行语言交流的时候，就应该打招呼。这个距离是不一定的，视环境而定，如果卖场很空旷，客户出现在 2 米左右的地方就应该问好，而在繁忙、拥挤的卖场中，距离当然要小。那么跟顾客打招呼，第一句话说什么好呢？

根据情境的不同，主动相迎的语言可以分为问好式、插入式、应答式、迂回式四种：

1. 问好式

（1）情境

当客户接近柜台时，销售人员主动对客户打招呼，进而开始销售。

（2）方式

通常问好式的开场白使用的语言有：

"您好，欢迎光临。"

在我们的卖场中，客流的流速很快，有可能促销员简单地说欢迎光临的语句，客户并不感兴趣，因为现在几乎随处可以听到这样的欢迎词，并没有什么特殊的地方，更有甚者，就像文章开头那样竟然是"随便看看"。

为了吸引客户的注意，可以加上产品的主要卖点的简要介绍。比如卖金立手机，可以说：

"您好，请看看金立的待机王手机。"

"您好，请看看能够为您省钱的手机。"

2. 插入式

（1）情境

经常发生很多客户同时来到柜台的情况，客户也许已经在旁边听、看了一段时间，销售人员才发现新来的客户。

这种情况经常发生，客户大多有从众心理，越是人多的地方，越要挤过去看看。很多销售人员也发现有这样的规律：往往买手机是几个客户连续地买，客户看到别人买，也下定了购买的决心。

所以这种状况是非常重要的，销售人员既要照顾好先前的客户，又不能让后来者感到冷落。

（2）方式

销售人员如果发现后来的客户，就应面对新客户，主动打招呼。我们把这种开场白（或主动相迎）的方式称为插入式。

我们可以说："对不起，让您久等了，这是我们的金立好易用手机……"

3. 应答式

（1）情境

也有些客户很爽快，或已经对金立手机很了解，刚来到柜台，还没等销售人员问好，就主动发问。

（2）方式

比如：

客户："这就是金立 L800 手机吧？"

销售人员："是的先生，这就是金立的导航手机，先生对金立手机很了解是吗？"

4. 迂回式

（1）情境

想一想：老朋友见面时，我们说什么呢？

我们常常说：

“今天的精神头不错嘛，有什么好事呀？”

“哟，你的孩子都这么大啦……”

（2）方式

在有些情况下，我们销售人员对客户也可以采用这种方法，客户会感到你把他（她）当朋友来看待。

我们可以说：

“陈先生，今天带孩子一起来逛一逛商场？您的孩子可真漂亮。”

“大姐今天的发型真不错，在哪儿做的呀？”

哪种话术最具杀伤力

在以上四种方式中，哪种最有效？显然是迂回式。我称迂回式销售就是“给面子”，给消费者面子，实际上就“拍马屁”。也许有人说，我是读书人，做人要正直、要厚道、要高尚，宁死不学拍马屁。试问：不“拍马屁”、不说好话，怎么缓解顾客的紧张，怎么获得顾客的好感？

迂回式销售话术

导购员看到顾客要做的第一件事情就是与陌生顾客搭讪，让顾客思想上放松，让顾客听起来舒服。哪怕顾客买你一分钱的产品，你也要给他VIP大富翁一样的尊重，让他有面子。你要说顾客是个大老板有钱，是个局长行长有权，是个大学教授有学问，是个帅哥有很多女朋友……

香水的妙用

售楼小姐接待男性顾客会问他有没有车，如果是女的，你怎么问？因为现在的女人大多爱化妆品，你最好问她用了什么香水。她说她用的是什么什么品牌香水。你接着说“这星期天我也去买一瓶!”这个女顾客就会比较开心，接下来的销售就会比较顺畅。如果她说她没用香水，你走进了死胡同是不是会很尴尬？那也没关系。你就说“没用香水怎么会这么香，说明这是体香啊”。这样一说，这个女顾客也许觉得你嘴贫，但她心里同样会很高兴。

大学的教授

类似的方式比比皆是。比如进来一位戴眼镜的朋友，一看就像个教书匠。你可以说：“您是数学系的教授吧?”

顾客莫名其妙：“我不是，你怎么认为我是教授呢?”

你马上说“您戴个眼镜很有教授的风度，昨天××大学数学系的王教授买了一台，告诉我他们系还有个教授今天要来买，我以为是您呢。”这个小学教员开不开心?

不是所长将来有机会

一位穿蓝衣服的小伙子，一看就是小区的保安。但你就不能说：“您是保安吧?”你可以说：“您是不是派出所所长啊?”顾客说：“我当所长?下辈子吧!”你怎么说?“您这么年轻，有机会，下一回领导提拔的人肯定是您”。

不是明星也是明星

但是，恭维顾客不能过分，过分恭维会适得其反。比如说，看到一个长相一般的女孩，你说："您长得好像赵薇啊。"这时候她就想：赵薇？我不太像赵薇啊，少来这一套！但是可以这样说："您的鼻子长得像赵薇。"赵薇的鼻子长得怎么样，信口开河罢了。不过她可能也不知道赵薇的鼻子长得怎么样，买了你的产品回去，说不定真的会翻出赵薇的明星照比对一番，看她的鼻子像不像赵薇，也许很像，也许一点都不像。

如果卖场顾客不多，导购员就要反复练习跟顾客搭讪的这些动作。只要顾客进入视野，就开始琢磨如何恰如其分地恭维他（她）。否则，一旦他们走近你的销售区域，你只好以不变应万变，说一句不痛不痒的"随便看看"或"欢迎光临"之类的废话。

平时导购员培训开会，领导也可以组织大家相互写写优点相互恭维一番，看到衬衫不错的，说是不是名牌啊？看见衣衫不干净的，说他是好男人，在家给老婆做饭，他的老婆太幸福了。能够一口气说出同事的30个优点者，一定是销售高手。当然刚开始大家达不到这个标准，可以先写出同事的10个优点。见人说人话，见鬼说鬼话，这就是销售第一步，主动相迎给面子。这第一步练习好了，进入销售的下一个环节就顺畅多了。

"马屁"也拍过了，顾客也开心了，此时，是否应该介绍产品呢？

大多数导购员销售都陷入了一个误区，急于从头讲到尾介绍产品，顾客一走过来，就像背书一样马上滔滔不绝地推荐产品。如：欢迎看一下××手机，双卡双待，超长待机，16和弦，40首铃声，3.5英寸超大屏幕，看起来很舒服，IP键，拨打长途更方便，功能简单，很好用，来电七彩显示，很好看，铃声很大……顾客看了一会儿，没有买走了。她还说，先生，回来回来，我还有两点没给您讲完呢！

那么，恭维顾客之后，导购员下一步该做什么呢？

第一章

Chapter 1

你动我动产品动　主动接待留顾客

很多企业的经理、老板，很多院校的老师常把导购员热情服务主动接待挂在嘴边。那么，什么叫主动接待呢？怎样接待顾客才算主动呢？在行业竞争白热化的今天，怎样主动接待才有效呢？

笔者将“主动”分解为“三动”。

第一个“动”就是“让自己动起来”。导购员自己要动起来，见到顾客的时候心情要激动，进而嘴动手动身体动，让顾客感动——至少不反感。

第二个“动”就是“让产品动起来”。给顾客演示，让货物动起来，让顾客知道货是好货，怎样好，好在哪儿，对他有什么好处。

第三个“动”就是“让顾客动起来”。让顾客参与到产品的演示中来，导购员演示完产品让顾客重复刚刚的动作再演示一遍，让顾客动起来，觉得导购员说的话是真实的，演示的产品卖点确有其“实”。

唯有把这“三动”的功课都做足了，做到位了，并融会贯通在销售的前三分钟，销售工作才真正称得上主动。

【案例】

某地经销商曾经一个月卖二百多辆电动车，有一段时间老板娘怀孕了回家生孩子，销量就下滑得很厉害。我蹲点暗访这家电动车专卖店后，老板问道，为什么他老婆在店里电动车就买得多，价钱也卖得高，他老婆不在，为什么销量就下滑呢？

我告诉他，主要是你的导购员不主动。几个导购员一听这话觉得很刺耳，当面质问道，老师，您说我们不主动有没有证据？我们每天上班八九个小时，站得腰酸腿痛，怎么说我们不主动呢？

我说，你们回答我几个小问题就不会觉得冤枉了！

第一：我进店之后你们微笑了没有？你们看我在店里转了两圈马上接

待没有？我问你们的电动车好骑不好骑，你们爱理不理地踢了一脚轮胎告诉我说可以，你们演示电动车的优点没有？另外，你们接待我的时候，你们的同事配合没有？

第二：我要走的时候，你们挽留我了没有？我走出门外，你们盯梢了没有？我出去之后是到竞争对手那里购买了，还是直接回家了？我不买的原因你们几个分析没有？

第三：没有顾客的时候，你们观察店外的顾客没有？在进门之前我在竞争对手那里询问了二十分钟，你们发现我没有？

她们的回答是，没有，没有，都没有。

为此我们派人随机抽查国内几大电动车品牌县级专卖店，关于“主动接待”的数据显示，即使在市场竞争异常激烈的电动车行业，主动接待的导购员还不足65%，如下：

表1－1

品牌	主动接待的导购员	检测样本量
爱玛电动车	3	6
绿源电动车	3	5
速派奇电动车	3	7
小鸟电动车	2	2
新日电动车	5	7
雅迪电动车	8	9

第一节　让自己动起来

面对顾客的光临，就要像对自己多年未见的好友、亲人，表现出激动的欢迎，起码做到微笑、端茶、倒水、恭维。

1. 心情激动起来

导购员心情要好，面对顾客要露出真诚的微笑，微笑的标准就是露出八颗牙齿。导购员见到顾客不要直接介绍产品，要有个主动接待的过程，并且要有个好心情和保持笑脸。在与导购员座谈时，问及“你哪天卖货最多”，多数导购员回答，心情最好的那天卖货最多。如果导购员一天的心情都不好，卖货的时候也会把这种情绪带给顾客，没有好心情什么产品都卖不好。这个道理在很多老板娘那里也得到印证，老板娘很迷信每天的第一单生意，说开门头份儿生意的好坏决定一天的生意。

2. 主动恭维顾客

导购员面对顾客的时候，要先与顾客进行一个好的沟通，而好的沟通就是拍顾客马屁，学会恭维顾客。见人说人话，见鬼说鬼话。拍马屁有大学问。

导购员面对男顾客、女顾客都要有不同的恭维方法，男的一般会对车比较重视，女的一般偏爱化妆品。所以大城市的导购员在见到男顾客的时候不妨问他：“帅哥，您是开车来的吧?”如果碰到女顾客时，不妨问她：“美女，您用的香水味道好极了，在哪里买的?”

下面是“主动恭维顾客”的课堂训练记录。扮演顾客的是一位女学员，扮演导购员的其他学员是这对她恭维的：

您的身材非常好！

您笑起来特别漂亮！

您的发型很时尚！

您的眼睛很迷人！

您的嗓音很甜！

您的动作很优雅！

您的笑非常灿烂！

您的谈吐很大方！

从您的谈吐中发现您很谦虚！

您身上散发着青春的气息！

第二节　让产品动起来

“产品动”，就是让我们的产品动起来。产品是静止的，产品“自己”不会说话，只有会动的产品才最吸引顾客！而如何让产品动起来，导购员是最终实现的载体。

导购员要给顾客进行演示，导购员要结合产品的卖点，敲一敲，拍一拍，按一按，蹦一蹦，掂一掂，让顾客看在眼里，爱在心中。

如何看，如何试，如何演，如何说，耐销品企业最好找专业公司的专业人员，设计一套产品演示规范。请看笔者给新日电动车企业量身定做的10个关键部件的演示规范之车架演示部分。

表1－2

车架演示			
演示项目	演示动作	演示说辞	演示照片
蹦	1. 穿平底鞋。 2. 双手抓紧车把和车闸。 3. 站稳脚跟后，将车把摆正。 4. 双脚一块儿连续快速轻轻跃起，垂直落下。	【话术】新日电动车的车架都是用特厚钢材做的，20万次震动试验不断裂，它车架粗、车架厚、车架重。您看，不管怎么蹦，都这么稳。	

（续表）

车架演示			
演示项目	演示动作	演示说辞	演示照片
拽	1. 将车站稳，车把摆正。 2. 右手拇指和食指捏紧左车把，向左侧猛拽一下并快速松手。 3. 让顾客看车尾摆动几下。	有个卖摩托的，叫小伟，他来这买车那才叫专业。他来了二话不说，把前把一抖（猛拉一把丢开），然后说，你这个车架不错。我就问他，您这么一抖咋就知道新日的车架不错呢？他说，车好不好先看车架，前把一抖，车架就会晃动。然后，你看车尾晃动后几下能停住。你这车，两下就停了，说明车架不错。	

第三节　让顾客动起来

为什么魔术师在表演时喜欢找现场观众一起表演？因为人性本来就是多疑的，没有亲身参与，总会怀疑那是不真实的。真实感的增加，最好的办法就是让顾客亲身参与、亲自使用。一旦顾客亲身参与进来，不但可以提高产品的可信度，更能有效加强他们的参与感，成交的概率当然也会随之提高。

"客动"就是每到演示的一个环节，就让顾客参与进来，导购员做什么，也让顾客一起做一下。比如前面提到的"车架粗、车架重"，讲车架的时候，导购员两手抓紧后衣架把车抬起来，告诉顾客我们的电动车很重，然后让顾客动起来——也用同样的方法把这辆车抬起来，感觉是不是很重。以此类推，导购员说这个车座软，导购员不仅自己要按一按，也要让顾客来按一按。如果顾客不按，抓住他的手也要他来按一下。因为车座软不软是看不出来的，所以你一定要让他按一按。并且顾客全身心参与进来，也就不会一直在想价格问题。

小结一下：主动接待就是"三动"，首先让自己的情绪、手、嘴动起来，然后让产品动起来，最后让顾客跟着动起来。

当然，主动接待也要把握分寸和火候，防止主动过头，吓跑顾客。

【反面案例1】

顾客买东西经常遇到两种不愉快的接待方式，要么没人接待，要么就是导购员太主动，争着接待。

在河南某市，我们暗访人员扮演成顾客正"购买"导购员A女士推荐的一款产品，旁边的一个导购员B女士争先恐后亟不可待地协助讲解，我们的市场调研人员见机行事，移步面对A，把B挡在身后，以肢体语言告

诉B我现在就听A讲，你就别讲了。但是，心有不甘的B却从背后又转到前面开始讲。暗访人员眼看没有办法阻止B，就只好转身来听B怎样讲。谁知A也不善罢甘休又追到面前继续讲解。这边A说一句，那边B说一句，两人互不相让。暗访人员最终不知听谁的好。

【反面案例2】

某厂在浙江某市同时开了八家连锁店，我受工厂之委托实地培训其导购员。一天，我正津津有味地给她们四位讲解如何销售产品，店里忽然来了一位顾客，于是，四个导购员不约而同地扑了过去，把那位顾客团团围住，七嘴八舌讲了起来，吓得那位顾客落荒而逃。

顾客跑了，培训继续。不到十分钟时间，又来了一位顾客。她们四个又要冲过去，我拉住其中一位导购员说："既然她们三个都过去了，你就不用过去掺合了。"

她说："那不行，我已经三天没卖货了。"说着也奋不顾身地加入到销售队伍中去。

结果，这位顾客与上一位顾客一样慌不择路匆忙离开。

等她们灰心丧气地回来继续上课，我调侃她们说："你们兴师动众接待顾客，顾客怎么跑了?"

她们说："是呀，老师您说顾客为什么跑了?"

我说："你们一副围猎打狼的样子，顾客不跑才怪!"

显然，接待顾客主动过头与不主动接待顾客，都会令顾客大失所望。不过，相比而言，导购员缺乏主动接待的现象更加普遍。有没有一个"葵花宝典"让导购员养成"你动我动产品动，主动接待顾客"的习惯呢？不妨拿本章第五节的"训练工具"训练一个月。

第四节　案例拆解——主动接待怎么“动”

背景说明

2010 年 5—6 月份，根据某知名手机品牌销售话术培训的需要，我们组织了一个十二人小组，相继奔赴四川、湖北、湖南、广东四省，对国产手机品牌的金立、OPPO、步步高、万利达促销员进行了深度的调研。通过暗访和座谈，我们收集到不少鲜活的导购案例。为了大家阅读的便利，我将对其进行一一拆解。希望能给一线的导购员带来些许启发或指引。

【四川调研员暗访导购员后的口述】

上午，大家分头行动，我被分配到成都太升南路的超强店。我还没有溜达到店门口，一位女店员就迎上来微笑着说：“先生里面请！”我漫不经心地跟随在她身后往里走，她询问：“想买个什么样的手机呢？”我说：“随便看看。”我在柜台外边走边看，她在柜台内跟随着我的步伐不停地介绍。只要我的头往前伸一下，或者眼睛盯了一眼什么手机，店员马上就介绍这款机型！

张小虎点评

什么叫主动接待？主动拉客进店，主动跟客介绍，主动察言观色，并以此揣摩判断顾客需求。促销员虽然很主动，但她的提问欠妥。她用一个开放式问题提问，顾客一般不容易回答，干脆用“随便看看”来应付。

开放式问题就像问答题一样，不是一两个词就可以回答的。它适用于熟人之间的深度交谈，不便于陌生顾客回答，因此陌生顾客回答率较低。

封闭式问题有点像对错判断或多项选择题，回答只需要一两个词。封闭式问题可以让对方提供一些关于他们自己的信息，供你做进一步地了解。封闭式问题容易回答，节省时间，陌生的顾客比较乐于接受这种方式，因而问题的回答率较高。

对于一些敏感的问题，用封闭式问题，往往比直接用开放式问题更能获得相对真实的回答。促销员再遇到“随便看看”的顾客，不妨试试用封闭式问题提问。

比较一下其他问话：

* 先生，您原来用的是什么牌子的手机?
* 先生，您以前用的是直板机还是滑盖机?
* 先生，您买手机是自己用或是送人?

【四川调研员口述】

听说OPPO的促销员很厉害，我采取声东击西的迂回战术，先从摩托罗拉那边进去以引起OPPO促销员的注意。结果，OPPO促销员不肯上钩，歪打正着‘钓’上了万利达的女促销员。没等我与OPPO的促销员作别，她马上拿着两个机器叫住了我：“先生，这里也有两款非常适合您的机器。”当时我与她的距离有3米左右，她左手拿着629右手拿着K17给我看。我当时在想，她可能在我看OPPO的时候就注意到我要看的是直板机，所以在我要我走的时候非常有针对性拿出了那两款直板机。因为这两款机器跟OPPO的A105K功能差不多，并且629还要便宜一些。

张小虎点评

终端竞争好比打麻将，需要关注上家还要防住下家。万利达这个促销员的主动，可称为主动抢客、主动出击，一旦通过竞争对手柜台前的消费者锁定顾客的需求，一出手就是左右开弓——拿K17给你比功能，拿629给你比价格，上压下顶。判断得准，出手也狠。

怎样把顾客从竞争对手手里夺过来？道理其实很简单：相同的功能比

价格，相同的价格比功能。哪张牌有优势就打哪张牌。千万不要漫无目的随便出牌。功能、价格没优势，用差异避开竞争。一对一打不赢可以选择二打一，三打一。市场竞争虽然不是你死我活，也是我卖了你没卖，你卖了我没卖，你多卖我少卖，你少卖我多卖。

【四川调研员口述】

听完万利达促销员熟练的产品介绍，我不禁为她暗暗叫好。我该找个借口脱身了，便说万利达手机品牌没怎么听说过。她刚要解释，不知谁用指头点了一下我的背，接着啪嚓一声响。我扭头一看，是穿着步步高广告衫的促销员不小心把手机掉在了地上。

张小虎点评

这不是“不小心”，这是摔机演示。在其他手机卖场，步步高的促销员常用类似的摔机演示证明他们的手机牢固。为什么人家要点你的背，眼看你着了万利达的道，那是温馨提示你别听万利达的促销员忽悠，看看步步高的手机质量如何。此导购技巧更高一筹。

【四川调研员口述】

有一个万利达促销员叫小李，销售手机5年多，快成老李了。他主动接待顾客是从对顾客好的称呼开始，如帅哥、美女等等。比如说“帅哥，看下这款全厅中卖得最好的商务手机!”或者“美女，看下这款全场最时尚的滑盖音乐手机”。我意外发现他拿万利达的工资，竟然帮助竞争对手卖手机！我挑明调研者的身份，问他为什么那样做。他说：我不仅帮助竞争对手卖手机，而且帮助所有的促销员卖手机。无论选择哪个牌子的顾客，我都热情地主动去接待。一方面我可以了解其他品牌的手机都经常有哪些毛病，我了解多些，以便知己知彼；另一方面可以见机行事，把人家的顾客变成自己的，累积更多顾客（有很多销售都是这样发展顾客的）；第三，通过主动帮助别人销售，可以搞好店面关系，店面经理最喜欢我这种人，她的朋友要买手机，一般先领到我的柜台。

张小虎点评

这个导购员很有哲学头脑，表面以和为贵，骨子里暗藏心机。什么顾客都热情接待，什么品牌都插一杠子，什么人都喜欢他，算是高手中的高手。

思考题

商场如战场。手机卖场看似风平浪静温文尔雅，实战云诡波谲，各有绝招。主动接待不仅仅是“您好，欢迎光临，露八颗牙齿”，而是全神贯注用心琢磨。调研发现促销员的拼抢的绝招远不止这么多。抛砖引玉，不知道奋斗在一线的你，在主动接待方面如何做到先声夺人?

答案：略

第五节　训练工具——主动是怎样炼成的

表 1－3

你动我动产品动　　主动接待留顾客				
	自查内容	顾客 1	顾客 2	顾客 3
顾客进店	你微笑没有？			
	你恭维顾客没有？			
	你给顾客详细介绍没有？			
	你拿出产品演示没有？			
	你演示时让顾客参与没有？			
	同事接待顾客你旁听没有？			
顾客离店	顾客要走，你挽留顾客没有？			
	你要顾客电话号码没有？			
	顾客走后你盯梢没有？			
	顾客不买的原因你分析没有？			
	顾客心理拿捏不准，你请教同事没有？			
店里无客	你观察店外的顾客没有？			
	观察到，你主动拉客没有？			
	你观察附近竞争对手没有？			
	你观察到顾客买什么型号、价位没有？			
	你思考如何接待竞争对手的顾客没有？			

使用方法

一个顾客过来看完货离店 3 分钟内，导购员开始填写这个表格。根据自查内容，你哪方面做到了就在“顾客”一栏打“√”，没做到就打

“×”。等下一个顾客过来之后，针对打“×”的项目，认真做一遍，以校正自己的动作，顾客走后再填表。久而久之，自查内容全都是“√”的时候，你的主动接待就做到位了。

思考题

1. 你动我动产品动的“我动”是指（　　）

A. 导购员自己要动起来，见到顾客的时候要心情激动。

B. 给顾客演示，让货物动起来，让顾客知道货是好货。

C. 让顾客参与到产品的演示中来，导购员演示完产品让顾客重复刚刚的动作再演示一遍。

2. 以下问题，哪些是封闭式问题？（　　）

A. 先生，您原来用的是什么牌子的手机？

B. 先生，您以前用的是直板机还是滑盖机？

C. 先生，您买手机是自己用还是送人？

D. 先生，这边还有好几款，要看看吗？

E. 今年流行粉红色，您喜欢吗？

F. 想买个什么样的手机呢？

3. 顾客一进门，营业员就询问“想买个什么样的手机”。你觉得这样问是否恰当？（　　）

A. 恰当。

B. 不恰当。

4. 如果你是万利达的这位促销员，看到顾客关注 OPPO 的 A105K 直板手机，你怎么打好你的“牌”？（　　）

A. 拿出一款与 A105K 类似的直板手机，针锋相对，一比高低。

B. 拿出一款比 A105K 更加高档的直板手机，以时尚吸引顾客。

C. 拿出一款比 A105K 略逊一筹的直板手机，以价格吸引顾客。

D. 拿出一款与 A105K 大相径庭的滑盖手机，以差异化吸引顾客。

答案：1. A　2. ABC　3. B　4. BCD

第二章

Chapter 2

桌椅茶水有没有　留住顾客不让走

顾客第一次走进你的门店意味着来到一个完全陌生的环境，进入陌生环境的顾客警惕性比较高。据观察，顾客进店三分钟内大致看一下产品问一下价格会马上逃离——除非一见钟情某款产品。顾客进店之后，导购员如果能够“稳住”顾客，让顾客在店内多待一会儿，成交的机会就会增多几分。那么，经销商、导购员该采取什么方式留住顾客呢？

第一节　要留住顾客的心　先留住顾客的人

可能是不同行业有不同行业的留客方式，我们带着这一问题走访市场时，发现这一接待顾客的细节在不同行业存在不同的方式方法。即使在同一家企业的不同地区，经销商留住顾客的方法也不一样。比如，新日电动车的一些优秀经销商在主动接待留住顾客方面就很有一套，山东的经销商采用的方法是给顾客递烟、倒水；河南驻马店的经销商给顾客奉送一杯热豆浆；河北的经销商店里摆放一匹木马供顾客的小孩玩耍；安徽池州的经销商在水槽里养小金鱼送小朋友；还有的经销商门口安放两台电风扇让热天来的顾客先吹吹风；有的看人家抱小孩来买东西，替人家抱一抱小孩儿，不一而足。对此，笔者为该公司制作了一个留住顾客的模板，巡回培训时要求各地经销商参照执行。由于购买电动车的顾客喜欢带上孩子，笔者也专门为不同年龄段的儿童设计了不同的玩具。有时候，留住了小孩，就留住了大人，小孩不闹人，大人才安心挑选。据说，女人逛商店是为了买东西，男人逛商店是为了看美女，小孩环顾四周看到的是大人的屁股。所以，大人购物小孩总是闹着离开。

留住顾客可参见下表：

表2－1

留成年顾客用品	图例	供孩子玩的用品	图例
一杯茶 （适用于所有顾客）		一辆童车 （适用于1－2岁儿童）	
一把糖果或棒棒糖 （适用于女性、儿童）		一匹木马 （适用于3－4岁儿童）	

（续表）

留成年顾客用品	图例	供孩子玩的用品	图例
一张企业报纸或宣传单（适用于陪同参谋者）		一套积木（适用于5－6岁儿童）	
VIP免费洗车卡（适用于老用户）		电子游戏（适用于7岁以上儿童）	

不过以上这些都是比较“破费”的留客方法。对比一下下面这位江苏某地的经销商，恐怕要自愧弗如。

他的套路是，顾客一进门，一把把顾客拉到电动车旁，接着把顾客的双手拽过来往车把上一按，说：“您抓紧了，我给您讲讲如何挑选电动车。”嘴里说着，脚下用力，把电动车支撑一脚蹬开。电动车两轮着地失去平衡，顾客哪敢再松手，只好抓住不放，任凭这位经销商讲解。这个经销商何等聪明，一分钱没花，就把顾客留住了。不管顾客愿意不愿意，反正把电动车“赖”到顾客手里，顾客一时半会儿别想走脱。

要留住顾客的心，先留住顾客的人。新日电动车经销商以上的做法值得同行借鉴学习。但若对比更加激烈的手机行业，电动车行业留客的方法还有点小巫见大巫。

第二节　站着说话难留人　顾客入座易成交

为量身定做万利达手机的培训课件，笔者曾带领一个调研小组扮演消费者深入成都太升路的手机店。通过几天观察和录像监控，发现手机导购员的留客技巧比当地的麻辣火锅还够味。

1. 留住顾客

首先是同伴让座。顾客来了，如果是两个导购员接待，那就会分清主次，一个导购主讲，另一个导购拿椅子过来，让顾客坐下，献上一杯纯净水。

其次是刻意让座。如果顾客不肯坐，这时候导购员就会告诉顾客，买手机必须坐下来慢慢挑选才能挑到一款适合自己的手机，我们坐下来一起挑好不好？

再者是看机让座。如果是一个导购员接待顾客，导购员一样会想办法让顾客坐下来，比如要试机的话，导购员就自然地把样机直接拿到茶几上试机——而不在柜台上试机，这时候顾客一般就会跟着你过去并坐下来。

最后是角落让座。设有沙发和茶几的座位，让座更要有讲究。当顾客准备坐下来的时候，导购员尽量把他们安排在角落，靠里面的位置，这样的好处就是顾客想走的时候，能及时拦截下来，多制造个挽留的机会。

2. 卡住顾客

在成都龙翔总店，调研人员扮演消费者购买手机，自己的 SIM 手机卡常被导购员借用。

【话术】

1. 导购员："先生，借您手机卡试下机!"

2. 导购员："帅哥，这个手机是新机没有卡，您可以把您的卡拿下来插上去试一试。"

3. 导购员："师傅，您的电话卡能不能给我试下手机?"

导购员为什么要用消费者的手机卡试机呢？后来，导购员说出真相。一来是测试一下消费者到底有没有诚意购买，有诚意购买者一般很配合，会取出自己的手机卡。二来是"卡住顾客"，让他想走也走不脱——手机卡装进导购员的手机里，若不购买还要费力要回自己的卡。

3. 堵住顾客

在成都太升路的几家手机店，顾客一旦被导购员黏上，要想走就很不容易。你不坐下来，他们会央求你坐下来；一旦你坐下来，他们会两个人夹住你一个人坐；你要想站起来，他们会温柔而有力地按你坐下；你说这款手机不好看，他们马上换另一款；你说价格高，他们马上拿价格低的；你要想突围，他们马上找来店长二次包围……如果你是男性顾客，你最好把手机买下来，你胆敢金蝉脱壳，突破重围，她们甚至会挺身而出，用血肉之躯顶住你，让你不好意思溜之大吉。

调研人员总结某竞争品牌的导购员留客技巧时，惊魂未定地说："唉，好在我没有带钱，他们也不能刷卡。否则我非被他们俘虏不可。"

第三节　不怕顾客留不住　就怕不会找话题

比及成都的导购员，武汉的导购员也毫不逊色。座谈中，一位女导购员告诉我们，她留住顾客的办法就是“套近乎”。只有让顾客开心，顾客才会不知不觉地留下来听你介绍产品。

她把顾客分为两类，一类开口就是武汉腔的武汉人，一类就是外地人，不同类的人的套近乎也不一样。

对本地人，她会先问你住哪？然后说自己也住那里或者附近，然后说你那边某某店的热干面很好吃（说的都是真实情况），顾客表示赞同，自己也吃过。这时候顾客就会有自己与导购员是半个熟人的感觉，住在一条路上，一会儿买机器的时候，你要给我优惠优惠，导购员就是这样抓住了顾客的心理。不过这个需要导购员对本地一些有名的地方相当地了解。

如果顾客是外地人的话，这个导购员不管你是哪里的，都会说那里有我的一个亲戚。导购员：“听您的口音不像是本地人啊？”顾客：“我是河南人。”导购员：“我姐夫也是河南人啊，河南人吃面，我们这边面食少，您吃得习惯吗？”这就是套近乎，很容易就拉近了与顾客的关系。

面对男人说什么？面对女人说什么？她都能寻找一些共同的话题。面对男顾客她跟你谈股票、谈麻将、谈足球；面对女顾客，她跟你谈皮肤的保养、谈发型衣服指甲油，而且谈得贴切自然。比如，你的衣服好漂亮哦，哪里买的啊，上次我也看了这款衣服，不过不是很适合我的身材，所以没有买。你穿起来真漂亮！

第四节　留住顾客的心　全凭导购员肯用心

1. 万能小布包

成都有一个导购员，她手里有一个小布包，布包里面有 5 张 SIM 卡，3 个存储卡（并配备 3 个不同规格读卡器），1 枚 1 元的硬币。硬币用来为顾客演示手机屏幕“刮也刮不花，敲也敲不烂”。存储卡里面存有各种视频、图片、音乐、软件，随时向顾客演示手机的各种功能。5 张 SIM 卡可以让接待的三到五个顾客同时试机也方便为客户导出旧手机的号码。

这个小布包是她煞费苦心自己装备的，不是公司给她配备的。刚上班不久的一个小姑娘，花这么多钱，用这么多心思，感人至深，值得每个卖手机的导购员学习。

2. 售前备战清单

湖南湘潭迪信通手机店有一个导购员，销售业绩在湖南名列前茅。她告诉我们，要留住顾客，售前准备工作也非常关键。为此，她给自己列了一个售前准备清单。

①了解库存：做到库里有货，心中有数。

②重新摆放主推的手机样机：方便给顾客演示和销售。

③演示机电量充足：防止演示时出现电量不足的尴尬，错失销售良机。

④演示音乐、视频测试：保证音、像演示万无一失。

⑤短信输入内容：迅速而准确，做到嘴到、眼到、手到。

⑥演示机贴膜：防止屏幕划伤，影响二次销售。

⑦柜台卫生清洁：给顾客好印象，给自己好心情。

⑧整理海报、价签：吸引顾客眼球。

这两个导购员在留住顾客方面，就这样未雨绸缪，煞费苦心，销售业绩好是顺理成章的事情。

类似的方法，大家还可以继续开动脑筋去想。留住顾客的人也好，留住顾客的心也罢，总而言之，顾客就是我们的亲戚朋友。留住了小孩就是留住了大人，留住了参考者就是留住了购买者，留住了老用户就是留住了新用户，留住顾客才有机会销售。本章第六节的表格，是笔者收集的一些留住顾客的方法，供做门店的读者一试。

第五节　案例拆解——留住顾客不让走

调查地点：成都赛格通讯广场

【调研员口述】

步入赛格店，我有意地向三星专柜靠近。结果，是三星的店长招呼的我。首先她问我喜欢什么款式的手机，并向我推荐了一款滑盖手机，我说："我朋友跟我说滑盖的质量不好。"她回答我说："三星的滑盖手机是业界做得最好的。"在我确定了一款直板超薄机型时，店长一边喊"三星的促销，去拿真机出来！"一边陪我进入一个卡座，还叫人给我倒水。这时候有一个细节，她叫我坐在卡座里边，而她紧挨着我坐卡座外边。我刚坐下来，旁边又神奇般的围过来 3 名店内工作人员，与我聊天问我对机器的需求，我想到联想手机的柜台去看看，一时却无法脱身。

张小虎点评

留住顾客，怎么留？三星的店长留客绝招是把客人让到里面，自己挡在外面，让顾客不好意思开溜。就像北方宴请客人吃饭，主客被安排在对门口的"上座"，陪客坐在门口"看门"，不给你喝个烂醉，休想出门。

【调研员口述】

下午去了龙翔总店，直接去步步高，这边两个男的，直接要把我拉进柜台内坐下。我一边走一边嘟囔说："站在柜台外面也一样。"他们说："站在外面买手机可不行，客人必须先坐下来，否则，给经理看到要罚款。"这是哪门子规定？分明是留住顾客的一个阴谋。

张小虎点评

这是一个小招数，本来是牛不喝水强按角的强卖行为，人家能够自圆其说，这就是水平。言外之意：兄弟不是我逼你坐下来，实在是没有办法呀，店里有规定，必须让客人坐下来才能介绍手机，你站着多累呀，我们店也是为您考虑。

【调研员口述】

到了万利达手机专柜，接待我的是一位个子不高的女孩，人长得还蛮漂亮。没交谈几句，这位促销员说："帅哥，这个手机是新机没有卡，您可以把您的卡拿下来插上去试一试。"我没有答应她的要求，继续问手机的其他功能。试着试着，她又来了这么一句："帅哥，您的手机卡能不能给我试下手机？"导购员为什么要用消费者的手机卡试机呢？

张小虎点评

就这个问题，我们还是听听这位促销员的真实意图。（第二天座谈时她说出了真相）一来是测试一下消费者到底有没有诚意购买，有诚意购买者一般很配合，会取出自己的手机卡。二来是"卡住顾客"，让他想走也走不脱——手机卡装进促销员的手机里，若去竞争品牌那里比较，我们一般不会马上还他卡，会说 SIM 卡换上换下的麻烦，反正我们柜台跑不了，建议他过一会儿来取。

【调研员口述】

好不容易才得以脱身，我直接向金立柜台走去。接待我的是一个中年妇女，看样子是个资深业务员。果然，她一过来也没有问我喜欢什么，直接把 M103 新款手机中的极品飞车游戏打开，递过手机说："先生，您先玩一下！这个是动感游戏，左右摇动就可以玩了。"她一看我对这个游戏还蛮有兴趣，于是断定我对这款机器兴趣比较大！问我平时都打什么游戏。

张小虎点评

这位导购员的留客方式是游戏体验。男人爱打游戏正如女人爱逛商场，与小男人讨论游戏正如与老女人讨论孩子学习，总是八九不离十。

【调研员口述】

这位大姐级导购员接着说："这是一款音乐手机，三个喇叭，YAMAHA 音乐芯片，游戏的配乐也非常好听！您戴上耳机试试。"她说着话，就把耳机往我耳朵上塞。于是，我进入了游戏的音乐天地，也听不清她再说些什么，只能看到她的嘴在动，大概是在对我说音质效果不错一类的话。

张小虎点评

如果说把手机递到顾客手里，这是拿产品留顾客的第一步，那么，把耳机挂在顾客耳朵上就是留顾客的第二步。要闪人，你得先把耳机取下来还给促销员。俗话说，听人家的音乐耳软，接人家的东西手短。

【调研员口述】

我戴着耳机打游戏，那感觉的确不一般。"这款手机还有一个好处是，在它播放音乐的时候可以把自己的照片放进去。您看这张照片是我的全家福，这是我女儿。"她指给我看。

我还没有看清楚她女儿长得什么模样，另外一个店员就开始配合："你女儿多大啊?"

"9 岁"，她接着说，"我女儿前几天去参加全国的一个什么画画比赛，还得了全国第一名，我还问她有什么礼品啊？女儿竟然开玩笑说礼品没有，倒是有一张奖状！先生，您看，这照片还会自己转动，配上音乐可以做成 MTV。"

张小虎点评

讲讲故事，轻松一下。与顾客聊聊天，说说家人的故事也是留客的好方法。不经意间把产品的又一新功能呈现给了顾客。

有人说终端销售就是拉猪和杀猪——这样用词虽然有损顾客人格，却也形象地说出了销售紧密相关的两个步骤。即，先把顾客拉住再成交。只有拉过来，才有成交的可能。

还有人说，终端销售就是让顾客看过来，走过来，坐下来，留下来，买下来，再回来。没有留下来，就没有买下来，何谈再回来。

第六节　训练工具——如何留住顾客

表2－2

留住顾客的人　　留住顾客的心				
	自查内容	顾客1	顾客2	顾客3
物品留顾客	这些设施你店里有没有？			
	顾客进店你用了哪一种？			
	饮水机、纸杯、香烟、糖果、童车、玩具、茶几、沙发			
行动留顾客	顾客进店你端茶倒水没有？			
	顾客进店你刻意让座没有？			
	与顾客交谈，你攀亲套近乎没有？			
	演示商品时，“卡住”顾客没有？			
装备留顾客	销售工具包，你准备一套没有？			
	开门八件事，你罗列没有？			

使用方法

一个顾客过来看完货离店3分钟内，导购员开始填写这个表格。根据自查内容，你哪方面做到了就在“顾客”栏打“√”，没做到就打“×”。等下一个顾客过来之后，针对打“×”的项目，认真做一遍，以校正自己的动作，顾客走后再填表。久而久之，自查内容全都是“√”的时候，你就能留住顾客了。

思考题

1. 有的促销员用沙发留客，有的用茶水留客，有的用手机卡留客，还有的用游戏音乐故事留客。先留住顾客的人，再留住顾客的心。对比以上方法你做到了吗？环顾一下你所在的商店，留住顾客的人，他们为顾客准备了什么？

2. 只有让顾客开心，顾客才会不知不觉地留下来听你介绍产品。与以下四种不同类型的顾客套近乎，如何找到合适的话题？

A. 本地人

B. 外地人

C. 男人

D. 女人

3. 成都的导购员有一个小布包，里面装的是什么？

4. 湖南湘潭的导购员售前准备工作做了哪八件事？

答案：略

第三章

Chapter 3

顾客进店装哑巴　了解需求引导他

顾客刚进店时，导购员需要先跟顾客搭讪，以便建立起一个沟通交流的起点，化解顾客的戒心，同时通过了解顾客需求介绍合适的产品形成销售的契机！而在现实生活当中，面对导购员的热情，多数顾客的反应往往是很冷淡的。面对导购员了解需求，顾客说你忙你的，我随便看看。导购员介绍商品，顾客似听非听，甚至啥也没说就要离开了。总之，顾客很不配合，装聋作哑。遇到这种情况，导购员若撬不开顾客的嘴巴，就很难探寻到其需求。那么，导购员如何应对这样的顾客呢？方法有三。

1. 用一种绝对肯定的语气去猜

比如，导购员直接问他，“您是不是在我们某某银行上班?”（顾客不说话）

导购员：“那我知道了，您肯定是我们某某报社的记者。”（还不说话）

导购员：“哎，我好像在哪儿见过您，您是建材市场的老板?”（仍然不说话）

导购员：“哦，我知道了，您一定是我们这里的养猪专业户！”（适当开开玩笑也未尝不可）

一般来说，这样问不了三次，顾客就开口说话了。

有时候顾客可能稍微有点烦，反问导购员，你问那么多烦不烦？查户口呀！

导购员可以这样自圆其说：您别介意，昨天来了一位在银行上班的，买了一辆我们的电动车，他说他的同事今天也要买一辆，我以为他说的就是您！那么，您在哪里高就？

2. 数字引导

比如，“我们这辆车与别人家的有3点不一样，要不要我给您介绍呀?”

顾客一般就会问：“咋不一样？我看电动车长得都一模一样。”

或者这样说：“先生，从您进门到现在，一共是2分钟15秒了，据我观察您进门一句话没说，像您这样的顾客一般分为两种情况……（停顿等待顾客说话）。一种是外地人，怕我们听出他的口音而多赚他的钱；第二种是专家，他对产品了如指掌，根本不需要导购员介绍。请问您属于哪一种?”

3. 把顾客当做真的哑巴

比如，跟同事小声嘀咕（故意让顾客听到）：“你说奇怪不，昨天你不是遇到了一个哑巴买咱一辆车，今天又来一个，你去接待吧，我不会哑语。”

顾客会反驳：“谁是哑巴，不说话就是哑巴?”

遇到装哑巴的顾客，或者直接走过去，一脸认真地用哑语给这位顾客“指手画脚”。顾客莫名其妙，一般就会开口问：“你要干什么?”

导购员：“开个玩笑，我看您不说话，以为您要用哑语跟我对话呢。”

导购员面对不肯开口的顾客，就要先让他开口，最好把顾客逗笑、逗得说话。否则，你这生意没法做下去。

做导购员培训时，笔者经常拿这段话测试导购员。一个有意思的现象是，对于解决这种问题，初出茅庐的导购员很难拿捏。经验老道的导购员又觉得这根本不是个问题。经验老道的导购员为什么驾轻就熟，新手上路为什么左右为难？笔者认为，顾客不配合的一个重要原因，是导购员不会察言观色，不会换位思考，更准确地说，是导购员不会使用销售话术了解顾客需求。

第一节　要了解顾客需求　先讨取顾客开心

那么，要实现销售导购员需要了解顾客哪些需求呢？导购员怎样说话才能顺利把话题引导到产品销售上来呢？笔者通常会给企业量身定做五六套相关销售话术。这里不妨举一两个例子。

先看看笔者设计的一些了解需求的销售话术。

1. 从使用者入手了解需求的话术

【导购员提问话术】：您买暖水袋是自己用的，还是送给别人的？

顾客：我给我父亲买的。

【导购员应对话术】：您真孝顺，您爸有这样的女儿太幸福了！我爸60大寿，我给他买的是这款暖水袋，您过来看看……他高兴坏了！

如果顾客回答：送女朋友。

【导购员应对话术】：您看起来这么帅，估计女朋友一定很漂亮，漂亮的女孩子一定要用漂亮的暖水袋，您看这款……

2. 从产品款型入手了解需求的话术

【导购员提问话术】：来选手机？

顾客：我看看再说。

【导购员应对话术】：您原来的手机是什么款式？直板、滑盖、翻盖的？

顾客掏出手机：这种算是直板吧？

【若导购员也想推同类手机的应对话术】：您这种款式用的人比较多

啊，既然用习惯了，还是不要换其他的款式，不然要很久才能适应，您看下我们新上市的这款直板手机……

【若导购员想推不同款的手机话术】：手机天天用，用久了就没有新鲜感了，换换手感吧，您看这款滑盖的，感觉完全不一样……

这种了解顾客需求的技巧，叫做加垫子。其关键是导购员在每问一句话之后，要附加一句让顾客受用的话题，这个话题俗称“垫子”，就是像沙发垫子一样，让顾客听起来很舒服的语言，使顾客听了就不想站起来离开。而且这个“垫子”还是双面的，可以起到承上启下的作用。呼应顾客，引出产品。不经过专业培训的导购员很难做到这一点。比如，还是上面的第一段对白：

导购员问：您买暖水袋是自己用的，还是送给别人的?

顾客：我给我父亲买的。

导购员应对：您过来看看这一款。

顾客心不在焉地瞥了一眼，心想：这一款与刚才我看的也差不多，价格还比较贵，于是，一言不发走开了。

其实，不仅呼应顾客需要把垫子设计好，询问顾客也同样需要提问话术，以避免无效发问。**否则，你送给顾客的就不是一个继续沟通的“垫子”，而是给顾客一个拒绝沟通的“鞭子”。**

例如：

导购员：“这边还有好几款，您要看看吗?”（顾客：“不需要。”）

导购员：“今年流行粉红色，您喜欢吗?”（顾客：“不喜欢。”）

导购员：“小姐，这种款式要不要?”（顾客：“不要。”）

导购员：“这个很适合您，您觉得呢?”（顾客：“一般。”）

第二节　站在顾客角度　了解不同的需求

不同的顾客有不同的需求，顾客需求是多种多样的。站在顾客角度思考，顾客至少有这些不同的需求。

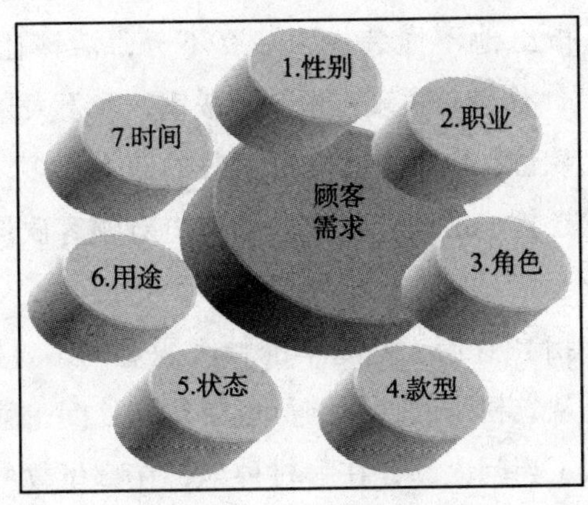

图 3－1

1. 顾客性别

俗话说，男女有别。男性消费者与女性消费者的消费需求差别是很大的。以汽车、电动车为例，男性顾客来买车一般侧重于介绍车的速度和质量，男性考虑较多的是车速快不快、操纵性好不好。女性一般侧重于关注这辆车的样式和色彩，考虑较多的是这辆车美不美、与她日常的穿戴配不配。女人受情绪左右，男人靠欲望支配；而情绪受环境影响，欲望则指向具体目标。同样，销售既适合男性也适合女性的产品，要注意其不同的需求。

2. 顾客职业

购买电动车的顾客的职业大概可以分为工、农、商、学四种类型，导购员面对这几种职业的顾客，如何了解其需求?

①跟城里人说城里话：问他们在哪里上班，平常需不需要接孩子。在了解城里人的需求时，你要夸他懂行、眼光独，给他戴高帽子。

②跟乡下人说乡下话：了解他们村子的路平不平，坡多不多，主要用途是什么? 有位经销商总结说城里人清高，乡下人淳朴。对于乡下人，你要用"攻心计"，指出他不懂装懂，好歹不分，活该让人家骗。俗话说"打是亲，骂是爱"，你越是表现得恨铁不成钢，乡下人越信以为真。

③商人有钱会砍价：出手大方见好就收的商人不多，大家精打细算一路走来，对于讨价还价早已驾轻就熟。如何应对顾客砍价，可参见本书第五章应对砍价部分。

④判断不准，抬高身价：判断不准顾客职业的，要把他们往高处说。如果顾客看着像是从农村来的，导购员也要往高处问，就问他在城里哪上班，总不至于直截了当问人家，在哪村种地，在哪里放牛；对于看着像城市的人，就问顾客是不是当地某某学校的校长；看着像是一个某某机关的科员，就问他是不是某某机关的科长；看到保安，你就"误认"他是一名警察……

3. 扮演角色

顾客来买车的时候，会有两种角色，一种是买车者，一种是参考者。这位参考者通常是狗拿耗子多管闲事的人，也是被买车者所信任的人。所以，面对顾客与参考者的时候，您要两点兼顾，同时要有一个重点，并且不能对参考者冷眼相加，虽然参考者起的好作用不是太多，但起的坏作用不少。特别是到了后期砍价、抱怨产品的时候，这个参考者往往是不能忽视的。特别要关注他们之间是什么关系。比如是夫妻一起来购买，那就要看谁当家谁做主。如果是家长带学生来购买，一般来说，家长决定购买价位，学生决定款式功能。如果是两个男性朋友结伴来购买，你就要夸赞这位朋友，够哥们儿！如果是女性朋友结伴购买，你就要利用其虚荣心理，说她比朋友好看。

4. 关注款型

如何获知消费者需要豪华款或是简易款，是高价位、中价位还是低价位产品？导购员询问买什么车型的时候，顾客不吭声怎么办？

学员1：我会问他是谁骑的？是男的骑的，还是女的骑的？如果是男的骑的话，介绍款型比较大的车子。

学员2：看看顾客在哪辆车子的前面停留的时间长些，可能这位顾客就对这样车子感兴趣一点，就先介绍他看得比较久的车子，然后慢慢套话，看他需要哪款车型。

学员3：看顾客转了一圈在哪辆车子前面停住了，那就看情况开始介绍了。

学员4：不能确定顾客看中了哪一辆车，就看他的穿着、发型。如果是比较体面的人，一般会选择豪华车。

其实遇到这种情况，最好与顾客保持距离，让顾客继续按照自己的意愿自由自在地在店里选车。可以偷眼观察顾客在哪辆电动车前停下来，关注的是哪辆车。

等顾客离开那辆车1－2分钟，导购员再走过去告诉顾客："您先看看我们这些车，如果您注重外观，您自己选择。如果您注重经济实惠的，我给您推荐一辆。"

此时，80%左右的顾客出于好奇会马上问："你给我推荐哪辆车？"

读者朋友想一想，导购员给顾客推荐哪辆车容易成交呢？

对，导购员要不露破绽地告诉顾客"来，您看看这辆车"，其实就是刚才顾客关注的那辆车。

顾客会想，怎么这么巧呀！我刚才看上的就是这辆车。

5. 顾客状态

顾客的状态，就是有没有使用经验，比如会不会骑电动车。

导购员询问顾客会不会骑车，有两种问法：第一种问法是“您不会骑电动车吧?”还有一种问法是“您会骑电动车吧?”导购员询问顾客会不会骑车要用哪个问法？肯定要用后者。因为会骑电动车也是一种技能，顺便拍一下顾客的马屁，顾客也很受用。

对于会骑电动车的顾客，导购员要介绍顾客所看中的电动车比他原来骑的电动车好骑，并有几个新的功能。

对于不会骑电动车的顾客，就要教他们学骑车。导购员把一个不会骑车的顾客教会，这个顾客基本上就被你打动了。

6. 日常用途

用途的询问，主要问的是路途的远近、载人的轻重。了解用途后，导购员介绍车型、回答问题就有针对性。如果路途远就要推荐骑续行里程比较远的车子；如果路段坑坑洼洼山高坡陡，就需要推荐一个比较皮实的车子。

7. 时间

顾客是今天就要买车，还是打算这个月买车，还是准备以后再买，这是需要导购员进行判断的。

这里有四种顾客：

①目标顾客今天购买

②没有带钱先期了解

③已经购买同行问价

④逛街散步无意购买

对于第一、第二种顾客，导购员都能认真接待。对于第三种顾客，导购员往往不理不睬，或揭穿“阴谋”，搞得顾客狼狈不堪，以显摆自己火眼金睛。其实，大可不必。遇到这种没有需求的顾客，最好的对策是反复念叨自己周到的售后服务。对于第四种逛街散步的，就给他们发个宣传单页就行。

第三节　学会明察暗访　认真观察顾客

导购员询问顾客要买什么车型的时候，顾客不回答，怎么办？这里有几个高招儿。

第一种方法叫明察。 就是通过观察顾客的肢体语言来了解顾客需要的车型。顾客进到我们专卖店内，会有几个动作，第一个是“站”，顾客看中某款车型会“钉”在那里几秒钟；第二个是“看”，顾客会盯着所看中的车型恋恋不舍；第三个是“摸”，顾客会多摸几下车把，拍打几下鞍座。因此，有老板总结说，如何给顾客推荐车型呢？就是八个字：看啥讲啥，摸啥讲啥。即，顾客看哪辆车就给他推荐哪辆车，顾客摸哪辆车就给他讲哪辆车。

第二种方法叫偷看。 偷看就是站在门口，观察竞争对手那里的顾客是看的简易款还是豪华款，因为顾客很少看了一家的电动车就会购买，他基本会再到别的店里看一看，对比一下。而如何了解来我们这里顾客的需求呢，就是经常瞭望瞭望竞争对手那里的顾客在关注什么产品呢。

第三种方法叫卧底。 就是派人到竞争对手那里刺探消费者的消息，然后告诉自家的导购员。

☞【在惠普电脑专卖店被人卧底】

我用了四年时间的12寸屏的索尼笔记本电脑主板坏了，维修部告诉我更换主板需要4500元，更换电池需要450元。12寸屏的笔记本拎着省劲、瞅着费眼，那就干脆买台新的，买台大的，越大越好。

巧了，在天河电脑城一楼惠普专卖店一下子找到了一款心仪已久的17.3寸的大屏笔记本，以后上台讲课只需瞄下屏幕，就能口若悬河摇头晃脑地忽悠半天，再也不用像接吻一样，把眼睛贴在电脑上。惠普的导购员

就是专业，CPU、主板的好处说得头头是道，特别是512独立显卡的介绍，让我这位偶尔也设计一些图片的培训师心花怒放，就是6999元的价格贵了些，我得再找找看。

一出惠普专卖店，一个年轻人立即靠过来小声说："先生是买大屏幕电脑吧，跟我来，我们五楼是代理，比这里便宜！"

我看他虽然没有穿工作装，但也不像打劫的坏人，就不置可否地顺着柜台之间狭窄的小道向前走。

他几乎是推着我来到了电梯旁并把我塞到电梯里，问："这么大的电脑，您是放在办公室用吧?"

我说："也不全是，偶尔也拎到外地去。"

说话间，五楼到了，他示意我先向左拐，并告诉我说："您看我们店各种各样的电脑都有，都比楼下便宜。"

"××，来客人了，接待一下，他要大屏的。"他把我交给一个小巧玲珑的导购员，转身向电梯走去，估计是去一楼继续卧底了解顾客需求去了。听我北京的朋友说，"卧底盯梢"在中关村电子市场早已成了卖家通用的做法。

经常找个同事扮演消费者去竞争对手店里转一转，看看那里的顾客各有什么样的需求，然后回来通风报信。

如果不深入了解顾客需求，而盲目地一味推销，不仅会招致顾客的冷淡甚至白眼，而且很难把东西卖出去。于是，导购员就会得出一个谬论，顾客根本不配合。仿佛进店的顾客就分为两种：一种是来找茬的——你说产品好，他说产品孬；你讲产品卖点，他说与竞品没什么两样儿；你说自己是名牌，他说那是砸广告多，纯粹抬杠。另一种是来砍价的——无论你报多么低的价格，顾客都说太贵了，还能打几折，最低多少钱。

如何对付刚进店的顾客，其实没有那么难。

第四节 案例拆解——摸透男人心 雪茄卖三根

有一次，销售总监老刘，还有一个上海的准经销商，我们三人要详细谈双方的合作。吃过饭，我们还有几个问题没谈妥，那个经销商就带我们进入一家外国人经营的酒吧。

酒吧里的装饰很典雅，背景音乐是舒缓的美国乡村音乐，酒吧里客人不多，三三两两的老外零星地坐在偌大的大厅里，喝着威士忌和白兰地。

我们三人坐进了一个面对面的包厢座，帅气的服务生上来帮我们在桌子上点了一支蜡烛。我刚坐下，就发现前面不远处有一个金发碧眼、穿着超短裙的外国女人，在向客人兜售雪茄。我还没跟老外女人打过交道，尤其是穿着超短裙的美女，我向她招了一下手，那个女人就过来了。

她一路微笑着走到我面前，我还没说出哈罗，她却突然“扑通”一声，双膝跪倒在地，随即打开她胸前的木盒，里面三格一排，陈列着精致的雪茄。

“三位先生，您们好！”没想到金发碧眼的她，却说出一口流利的普通话，“这第一种雪茄叫 Basha，是王公贵族和政府官员抽的，每一支售价 688 元。这第二种雪茄呢叫 Hogbe，在我们古巴是公司老总和高级白领抽的，每一支售价 388 元。这第三种雪茄叫 Alsig，在我们古巴是下等渔民和贩夫走卒抽的，每一支售价 188 元。”

她停顿了一下，微笑着，一双好看的眼睛，目光从我们三个男人的脸上缓缓扫过。

“请问三位先生，您们选哪一种牌子呢？”细声细气的美女声音，继续在我们的心中蛇一般地游动。我看了看身边的老刘，又看了看对面的经销商朋友，发现他们跟我一样，都傻傻地愣在那里，不知道该怎么做。

思考：如果你是总监老刘，你会做何选择？为什么？

我刚想说什么，老刘就从身边的小包里抽出12张百元大钞，递给了这个鬼知道是不是真的来自古巴的洋妞。

我们每人抽了一支Hogbe雪茄，尽管我抽烟不多，但还是一口一口地跟老刘他们象模象样地抽着雪茄。

“这个女人真厉害！”老刘说。

我问：“怎么了？”

“你看，”老刘比画着说，“她把我们男人的心理摸透了”。

后来，我们仔细观察那个卖雪茄的洋妞，发现只要是中国籍男人，几乎都会买下她的雪茄，偶尔也有老外果断地买一支。其销售的成功率之高令人钦佩。

张小虎点评

如果说夜场销售也是一种销售，这个雪茄小姐的销售无疑把销售做到了极致。用主人公的话说她把销售步骤设计得天衣无缝，其销售的成功率之高令人钦佩。她为什么能够做到这一点？

用总监老刘的话说，她把我们男人的心理摸透了。

因为她了解男人都爱美色，所以穿着超短裙和低胸装，从衣着上吸引男人。

因为她了解男人们都怜香惜玉，所以她一走到你面前就“扑通”一声跪下，从行为上感动顾客。

因为她了解男人招手让她过来，大部分是想跟她说说话调调情。她一跪下就让顾客的轻浮调情变成为之动情，从心理上堵死了你的退路，让你非买不可——除非你厚颜无耻！无非是随便买一支低价位打发她，她如何提高“客单价”呢？

正是因为她了解男人们可能会随便买一支算打发她，也可能她有过这样的教训，所以她干脆给你一个明确的身份定位，通过产品组合暗示你，如果你买第三种最便宜的叫Alsig的雪茄，你就是下等渔民和贩夫走卒。

因为她了解男人通常都不会在女人面前自我掉价，能进入这里消费的男人，都不会自甘堕落为下等渔民和贩夫走卒，必须买第二种价位的 Hogbe——价格不上不下，面子给保住了。

估计也有不少男人打肿脸充胖子，为了这位素不相识美女的三句话，尝试了“王公贵族和政府官员抽的”，即购买了 688 一支的 Basha，成了结结实实的冤大头。这三种价位不同的雪茄说不定就是质量一模一样，只是商标不同价格不同的水货。

正是因为这位雪茄小姐把握住了男人的心理，把销售步骤设计得天衣无缝，才让男人的消费从没有需求到小有需求，从没有兴趣到兴趣盎然，从拒绝消费到欲罢不能，从低消费到高消费……最终在不知不觉中中弹倒毙。男人一旦让她盯上，几乎无人能逃脱——就像武侠小说中只闻其声不见其影的白发魔女。

细读三遍案例，足见了解顾客需求的强大威力。

第五节 训练工具——了解顾客的七大需求

表3-1

顾客进门装哑巴　　了解需求引导他		
询问与否（画√、×）	顾客类型	是否采用话术（画√、×）
1. 顾客特征	男、女、高、矮、胖、瘦	
2. 顾客职业	工、农、商、学	
3. 顾客角色	个人、夫妻、朋友、老小	
4. 关注车型	豪华款：高价、中价、低价 简易款：高价、中价、低价	
5. 顾客状态	会骑、不会骑	
6. 日常用途	里程10公里以上、以下 单人骑、双人骑、驮货、平路、坡路	
7. 购买时间	本日、本周、本月	

使用方法

以上是了解顾客需求的工具看板，导购员在自己接待完一个顾客后，将这个表拿出来对照一下，看看自己询问了这七个方面中的哪几个方面。询问的打“√”，没询问的打“×”，导购员只要这几方面都询问了，就算这辆车子没成交，那我们也在进步。开始时候我们可能就了解顾客其中的3-4项需求，慢慢地我们就能了解到顾客的6-7项需求，这样我们再介绍产品的时候就非常流畅。

思考题

1. 顾客性别

俗话说，男女有别。男性顾客来买车一般侧重于________，女性一般侧重于关注这辆车的________。

2. 顾客职业

①跟城里人说________话。

②跟乡下人说________话。

③商人有钱会________。

④判断不准，________。

3. 扮演角色

①如果夫妻一起来购买，那就要看________。

②如果是家长带学生来购买，一般来说，家长决定________，学生决定________。

③如果是两个男性朋友结伴来购买，你就要夸赞这位朋友________!

④如果是女性朋友结伴购买，你就要利用其________，说她比朋友好看。

4. 顾客状态

导购员询问顾客会不会骑车，有两种问法：第一种问法是“您不会骑电动车吧?”还有一种问法是“您会骑电动车吧?”导购员询问顾客会不会骑车要用哪个问法?

5. 对于以下四种顾客，导购员应该如何对待?

①目标顾客今天购买

②没有带钱先期了解

③已经购买同行问价

④逛街散步无意购买

答案：1. 速度和质量；样式和色彩　2. 城里；乡下；砍价；抬高身价　3. 谁当家作主；购买价位；款式功能；够哥们儿；虚荣心理　4. 第二种　5. 略

第四章

Chapter 4

结合需求讲产品　触动顾客利益点

宋新宇博士

“简单管理”三部曲

让你的管理、经营、用人变得简单！

一、《让管理回归简单》帮你抓住管理要害

二、《让经营回归简单》帮你突破增长瓶颈

三、《让用人回归简单》帮你解决用人难题

商界名流

冯仑（万通集团董事长）

宁高宁（中粮集团董事长）

任旭阳（百度副总裁）

茅理翔（原方太集团董事长）

池向东（北京稻香村常务副总经理）

黄鸣（皇明太阳能集团董事长）

黄铁鹰（畅销书《海底捞你学不会》作者）

牛文文（《创业家》杂志社社长）

于绍文（《经理人》杂志社社长）

郑重推荐！

目录

- 让管理回归简单 004
- 让经营回归简单 008
- 让用人回归简单 012
- 博瑞森中小企业管理丛书书目 016

让管理回归简单

——宋新宇博士帮你抓住管理的要害

内容简介

宋新宇博士针对企业中最棘手、最现实的管理问题，从六个方面，即目标、组织、决策、授权、人才、老板自己，为管理者提出简单易行的解决方案。这些方案立竿见影，帮你抓住管理的要害，让管理变得简单。

- 如何让骨干变成好领导　第119页
- 解决管理问题，办法常在管理之外　第23页
- 组织如何分而治之　第31页
- 做调查不如做实验　第68页
- 坏消息拖久了就是地狱　第79页
- 监控不是不信任　第96页
- 人才（几乎）只能从内部培养　第107页
- 如何用平凡的人做出不平凡的事　第112页
- 经理人要上的三个台阶　第116页
- 管理者唯一能改变的是自己　第135页

精彩书摘

□管理就是“管”+“理”

“管”的着力点在于改变人，改变人的态度，改变人的能力；而“理”的着力点在于改变事，改变流程，改变不合理的做法。

□管理就是“排序”

什么是排序？就是定出来什么重要，什么不重要。重要的是目标，不重要的是目标干扰。一个目标是容易实现的，三个目标还有实现的可能，但同时实现五个目标则是奇迹。作为普通的管理者，我们还是不要相信奇迹为好，因为奇迹出现的概率太小了。

□管理就是正面思维

正面思维是什么？就是指出具体是什么地方不好，这样我们就可以改进产品。这样，一件坏事也就变成了一件好事。

真正的人才，不是能够评判是非、指出对错的人，因为几乎每一个人都能做到这一点，真正的人才是能够让事情变得更好的人。（摘自《做人与处世》2007.6，马歇尔·戈德史密斯/文）

□坏消息拖久了就是地狱

不成熟的员工不愿意承认坏消息，总想事情会变好或者自己能够把事情摆平。不成熟的管理者则只想听好消息，不愿听坏消息。他们都不知道：好消息拖久了可能带来一个惊喜，坏消息拖久了却能让一切变成地狱。

让经营回归简单

——宋新宇博士帮你突破增长的瓶颈

内容简介

让经营回归简单就是让自己（老板）、战略、客户、产品、员工、成长和学习简单。宋博士告诉你经营的秘诀，帮你迅速突破增长的瓶颈。读完这本书，你将会明白：

- 如何在一个弱势行业中增长　第65页
- 最容易做的就是第一　第54页
- 帮助骨干向老板学习　第158页
- 老板最大的过失是什么　第23页
- 家族企业也可以做大　第199页
- 要创新，但不要折腾　第175页
- 找到适合自己的老师　第224页
- 老板常犯的37个错误　第26页
- 客户并不是越多越好　第101页
- 比利润更重要的是什么　第73页
- “隐藏冠军”的成功密码　第81页

精彩书摘

□老板决定成败

企业的问题基本上都是老板的问题或老板要解决的问题，归根结底还是老板的问题。好老板的唯一标准时：对自己、对同事、对自己部门和企业有责任心。

□什么样的人才能赚大钱

老板和企业家是一群不正常的人。从选择这个职业开始，就意味着老板和其他人不一样。我们不要安逸，我们选择风险。我们不要框架，我们选择自由。我们不要一成不变，我们选择创新。我们不承认失败，我们选择坚持和坚守。

□最容易做的就是第一

实际上，做一个窄小领域的第一比做一个在许多领域的追赶者要容易得多，从某些角度评价，也成功得多。因为，重要的不是你付出多少，而是有什么样的结果。

□“无敌价格”模式

真正有效的定价方式是看目标客户愿意支付的价格，然后再根据这个价格去降低自己的生产和流通的成本。传统的思维方式使我们像地主一样“囤积”利润，而“无敌价格”模式的应用者则每时每刻都在想如何还利于民。

让用人回归简单

——宋新宇博士帮你解决用人难题

内容简介

“得人才者得天下，得人心者得人才”，认清和顺应当今人才管理的八大趋势，运用正确的人才管理方法，才能立于不败之地。

宋新宇博士在本书中从“用人的原则、用人的难题和误区、用人的方法、用人者的修炼”四大方面给中小企业的管理者们指导，帮助中小企业的管理者找到适合自己企业的用人之道。

畅销书《海底捞你学不会》的作者黄铁鹰先生盛赞本书是中小企业主的必备工具书，比稻盛和夫、李嘉诚、韦尔奇、王石、柳传志、马云等更具实操性。

- 为什么人难管 第3页
- 用什么管人 第15页
- 用人之道是用人之长 第27页
- 新员工如何快速融入 第41页
- 员工为何不忠诚 第46页
- 做好人，不做老好人 第64页
- 剔除用人的“穷人心态” 第68页
- 用人就是要不断“推卸”责任 第75页
- 创造“对事不对人”的管理氛围 第103页
- 如何通过会议管人 第107页

精彩书摘

□如果只有一条，选人的标准是什么

如果我们只有一条选人的标准，我相信，这唯一的标准应该是责任心。有责任心的人工作认真，有责任心的人细致，有责任心的人擅长计划，有责任心的人有组织性，有责任心的人工作努力，有责任心的人坚忍不拔，有责任心的人有成就导向。让一个本来没有责任心的人变成一个有责任心的人，即便有这种可能，也是一件十分困难的事情。大部分情况下，对大部分管理者来说，选用有责任心的人并对之加以培养，是更经济、更有效的做法。

□如果只有两条选人的标准，第二条是什么

选人的第一条标准是责任心，第二条标准是“适合”。什么人适合你的企业，最终只有你自己知道。我们需要什么样的人？不是最好的人，但必须是适合我们这个特定企业的人。

□做好人，不做老好人

我们应该做好人，不应该做老好人。好人会真正地负起责任，不怕得罪人，这一年过才能帮助自己的公司，帮助自己的员工，最后真正地帮助自己。老好人会用表面的一团和气害了自己的公司，害了自己的员工，最后也害了自己。

□如何通过会议管人

管理就是开会，但开会不一定就是管理。大部分人都认为自己会开会，就像每个人都认为自己会吃饭一样。但并不是每个人都会吃出健康。大部分人在开会，但大部分会议并没有效率，也达不到会议组织者期望的效果。我相信坚持“会议五不原则”是重要的：一、不开没有主持人的会议；二、不开没有议题的会议；三、不开没有争论的会议；四、不开没有时限的会议；五、不开不做决定的会议。

博瑞森中小企业管理丛书书目

书名	作者
《让管理回归简单》	宋新宇
《让经营回归简单》	宋新宇
《让用人回归简单》	宋新宇
《中层领导力》	【韩】崔秉权 姜珍求 金贤基 韩桑烨
《卖轮子》	【美】杰夫·科克斯 霍华德·史蒂文斯
《涨价也能卖到翻》	【日】村松达夫
《边干边学做老板》	黄中强
《为什么你的公司没长大》	田友龙
《学话术，卖产品》	张小虎
《产品炼金术》	史贤龙
《流程管理》	张国祥
《营销破局八大技巧》	崔自三
《做好白酒营销的第一本书》	唐江华
《网上做生意就这么简单》	张进
《老板，你的费用浪费在哪里？》	刘孝明

介绍产品必须了解产品，掌握产品知识。调查发现，至少90%的导购员不很了解产品知识，至少有80%的导购员没有经过产品知识培训就上岗卖货，特别是在每一款新品上市时没有进行新产品知识的培训。难怪导购员在销售时缺乏精准的专业知识和专业术语，难怪导购员缺乏切合实际的反问性话题、让顾客感到震惊的话题，要指望这样的导购员取得好的销售业绩，简直是缘木求鱼。

导购员不了解产品知识，很难把产品推销给顾客，也会闹出很多笑话，从以下两种极端现象案例，大家可以略知一二。

【现象一　对产品一无所知】

在深圳一家酒店吃饭，朋友客气非要让我点菜，我说："盛情难却，那就来条鱼吧。"

我接过菜单问身边的服务员："你们这里都有什么鱼?"

"水里游的鱼!"服务员回答。

我以为她和我开玩笑，抬头看看她一脸真诚的样子，好像是新来的，觉得又好气又好笑，于是故作严肃地问她："请问你们酒店有会爬树的鱼吗?"

"没有，我们这里没有会爬树的鱼!"她响亮又干脆地回答。

"我的天呀，服务员说这里没有会爬树的鱼，这鱼我不点了，还是你们点菜吧"。

朋友听出弦外之音，笑得前仰后合。

张小虎点评

不用问，这个服务员没有经过岗前培训，鳜鱼、皖鱼、鲫鱼、鲈鱼都分不清，只知道鱼在水中游、鸟在天上飞，让客人怎么点菜。

【现象二　夸产品无所不能】

旧社会卖狗皮膏药者，口若悬河：不管是你的左臂痛来右臂痒，腰酸腿麻头发胀，只要你吃了俺的几把药，什么五劳七伤、筋骨疼痛、四肢麻木、半身不遂、膨胀噎嗝、吐血流红、对口搭背、无名肿毒、梦遗盗汗、阳弱阴虚……一贴见好，两贴去病，三贴除根。

张小虎点评

任何产品的功能都是有限的，导购员不是媒婆子，把产品吹得天花乱坠无所不能，一个产品从上到下从里到外有六十六个优点，浑身全是宝，如同卖狗皮膏药的江湖郎中。这样介绍产品，往往适得其反。

那么，如何介绍产品呢？常规的市场营销教科书都会讲到 FABE 法则，即：

F：Features，特点。这是个什么样的产品？是指产品的事实、数据、信息。

A：Advantages，优点。这些优点是指产品或服务所具备的所有优点。

B：Benefits，利益点。客户如果使用它，会有什么好处。

E：Evidence，证据。包括行业和国家相关部门的认证书、知名媒体的评价、销售记录、以前客户的评价、以前客户使用记录等。

FABE 法则是每个销售人员必须掌握的基本功之一。其中最关键的是，作为销售人员应重点介绍 F 还是介绍 A，还是 B 或 E？相互如何组合才能快速打动消费者呢？

第一节　产品介绍实战高招

1. 强调产品的与众不同

F：特点，指的是产品好；A：优点，指的是比较好——比竞争对手的产品好；B：利益点，指的是产品对你好，对你有利益。在产品同质化的今天，如果能做到人无我有，与众不同，你就可以少讲F多讲A。前提是，知己知彼，对竞争对手的产品了如指掌，善于抓住竞争对手致命的弱点。真正的高手是把竞争对手的优点也顺理成章地贬为缺点，把自己的缺点放大成优点。

2. 结合客户需求介绍产品利益

利益是优点的一部分，即那些客户感兴趣的优点。我们用个形象的例子来说明如何把产品和客户需求结合起来：

【故事】

一只饥饿的猫在觅食，突然被一袋东西绊了一下。它打开一看，里面全是美元。它当然不对这些散发着印油味的东西感兴趣，于是把钱袋踢到一边。

这时旁边一个声音说："嗨，你怎么这么呆呀，这是钱呀！"

"钱？差点儿没把我绊倒！"猫若无其事地继续溜达。

那个声音说："哎呀，这傻帽，这么多钱能买多少鱼呀！"

听完此言，猫像吃了大力丸，一把抓住钱袋。

很多时候顾客不是不需要你的产品，而是你在介绍产品的时候，只介绍了产品本身的优点，却没有结合顾客自身的利益点，告诉顾客产品能怎样满足顾客的需求。

3. 把介绍产品与了解需求相结合

先了解需求，再介绍产品。了解需求和介绍产品一般情况下是交织进行的：如果你想有针对性地介绍产品的某个卖点，了解需求的过程应该在前面。

如果介绍的信息顾客不感兴趣，要马上了解顾客感兴趣的地方。（见左图）

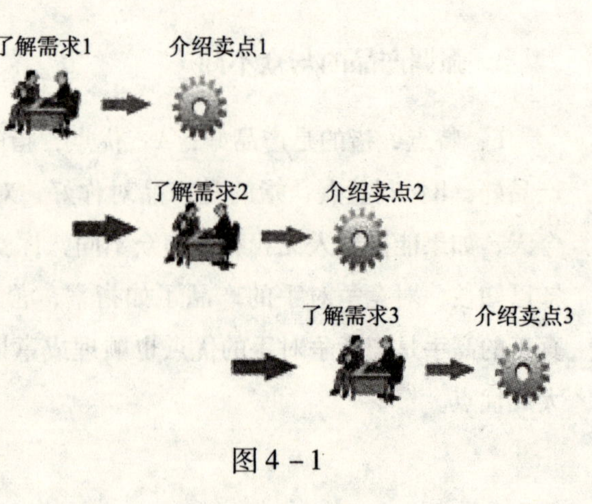

图 4－1

4. 讲产品特点　更要讲产品利益点

【案例】

一次去武汉给东风裕隆卡车三十几个商务代表上课，课堂提问他们如何帮助经销商卖农用卡车。他们大多讲的是卡车的特点和优点，很少提及如何让买卡车的农民赚到钱，即产品的利益点。

农民中的汽车发烧友不多，对于农用卡车这样的生产工具类产品，没有人是买来玩的，都是买来赚钱的。销售人员只有抓住了这些利益点，才能更好地销售卡车。比如：卡车买来能否找到长期合作的货运公司；卡车坏了后期维修是否方便；旧车如何处理赚钱（除了旧车报废可以享受政府几千元补贴之外)；手头缺钱能否得到低息的银行按揭等等。总之，要多讲买车之后能否赚到钱这个利益点。

在培训过程中，导购员常抱怨产品相似、自家的产品价格高而不好卖，我想，可能是因为他们根本没有挖掘出客户的“利益点”。市场上有特点和优点相似的产品，但没有完全一样的客户需求，导购员能否按照客户的需求诉求产品的利益点，是区分导购水平高低的一个主要标准。

5. 运用话术　事半功倍

当然，一家企业如果有产品研究部或终端销售部，最好在产品上市前制订一套销售终端策略，形成一套销售话术。一款产品整体怎么讲，部件怎么讲，先讲什么后讲什么，侧重什么忽略什么，卖点强调什么，与竞品对比什么……

下面是笔者为新日电动车制作的一个产品销售话术提纲。这套产品各部件的介绍话术，来自全国六个省的几十个优秀经销商和导购员。顾客进店导购员如何恰如其分介绍产品一目了然。

【话术举例】

【例1　电动车塑料件销售话术】

它的烤漆采用的是四喷五烤工艺，也就是汽车漆的工艺。这种烤漆有什么好处呢？它不掉色、不褪色、不起皮。我们的车骑两年像骑了半年，别家的车骑半年像骑了两年。

【例2　电动车充电器销售话术】

①智能充电：新日的充电器根据电池自身状况充电。平时充电，不过充、不欠充，该充多少充多少，充的不多也不少！

②温控充电：根据环境温度充电，冬天夏天不一样，室内室外不

一样。

③多段充电：就好比往大米袋子里倒大米。一次倒满容易撑破袋子，你倒一下晃一晃，然后再倒，是不是装的大米最多？充电呢，道理也一样。充充停停，充得实、充得满、充得多，用得久！

④保护充电：过充保护，充满即停；超温保护，超温即停；有效保护电池，延长电池寿命，同时也保护家庭安全。

第二节　多产品介绍的顺序与流程

哪些地区销售简易款，哪些地区销售豪华款，与电动车的生产区域、南北气候、经销商主推、消费习惯、国家政策都有关系。简易款在山东、河南、河北占比70% －80%；豪华款在上海、北京占比60% －70%；江苏、安徽等地区简易款比较少一点，占40%左右，豪华款多一点，占60%左右；在江西、湖南丘陵地带简易款豪华款平分秋色。给顾客介绍车子的时候，先介绍豪华款或是先介绍简易款？豪华款你会先介绍哪个部件？如果是简易款你会先介绍哪个部件？先看看以下六位培训学员给出的答案：

学员1：不管豪华款还是简易款，都是先从电池讲起。

学员2：如果是看简易款的话，先从电池讲起；如果是看豪华款的话，我就会讲车自带的自发电功能，然后讲车子的整体烤漆、塑件。

学员3：如果介绍简易款，我会先介绍简易款的充电比较方便，没电时候还可以踩；介绍豪华款的时候，介绍动力比较强。

学员4：简易款的话先讲防盗功能，豪华款的话先问他骑行的里程是多远。

学员5：豪华款先介绍骑行安全，舒适性，助力功能，坐垫坐起来比较舒服；简易款因为经常要放在家里，比较轻巧。

学员6：简易款跑得远，并且价格比较低，高性价比是简易款的最大优势；豪华款的舒适性、美观度是吸引顾客的地方，骑行起来比较风光，这是选择豪华款的主要原因。如果想豪华款跑的路程与简易款一样远的话，那它的电池重量就要增加，电池增大，顾客的成本花费就要更大。

以上是多系列多品种产品按照款型介绍产品的不同思路。如果按照价位推荐产品，是从低价往高价介绍好呢，还是从高价往低价介绍，或者先中间再两端？产品在地面如何陈列更容易介绍更容易成交呢？

对于这个问题，大多数导购员说哪款产品提成高先介绍哪一款。比如电动车，先介绍2580元的。接下来有一个新的问题，顾客此时会说，你这款新产品好是好，但价格太高了！导购员通常有两种回答：一种是苍白无力地说，一分价钱一分货，价格高有高的道理；另外一种是说，这里有价格低的，1800元您要不要？顾客说不要，走人。对话结束。

对此，导购员该如何改进自己的销售流程呢?

1. 看人下菜　按需推荐

主动询问。 问顾客，是谁骑的？是男的骑的，还是女的骑的？如果是男的骑的话，介绍款型比较大点的、皮实的、科技含量高的，给女的推荐小巧鲜艳时尚安全的。

仔细观察。 看看顾客在哪辆车子的前面停留的时间长些，可能这位顾客就对这样的车子感兴趣一点，就先介绍他看得比较久的车子，然后慢慢套话，看他需要哪款车型。这就是上一讲提到的给顾客推荐款型的八字原则：看啥讲啥，摸啥讲啥。即顾客看哪辆车就给他推荐哪辆车，顾客摸哪辆车就给他讲哪辆车。

以貌取人。 如果不能确定顾客看中了哪一辆车，就看他的穿着、发型。如果是比较体面的人，一般会选择豪华车。即使他不是冲着豪华车来的，导购也可以拍拍他马屁："您穿得这么体面，看起来像个大老板，这款豪华款的比较适合您……"

2. 价位排序　各有千秋

以下有三张图片，分别是三家电动车专卖店应对还价，方便介绍产品，依照产品价位而采用的策略，具有一定的代表性。

图4-2：河南省原阳县洪都专卖店策略

呈三角形摆放主推电动车，导购员站在三角之间介绍产品。这位导购员来自海尔电器，她说，她的习惯是先介绍中低价位的电动车，再介绍中等价位的，顾客不满意再介绍中高价位甚至高价位的电动车。她的逻辑是，顺序不能颠倒。如果从高到低介绍，遇到顾客“钱缺”，让人家很没面子。另外，最低价位的车不能摆在门口或店外，否则顾客抱怨店内车贵，导购员习惯性会说，有个价格最低的特价车您要不要？顾客走过去细看，一般来说都看不上，此时人已经到了门口或者门外，正好借坡下驴逃之夭夭。她的技巧是把价格最低的特价车“挂”在墙角，让顾客人不挪窝就能看到。

图4-2

图4-3：河南省尉氏县爱玛专卖店策略

由低价位到中价位紧密排一排电动车，再由中价位到高价位紧密排一排电动车，导购员只介绍两端的产品。导购员遇到高价位买主站左端介绍，遇到低价位买主站右端介绍，中间的电动车只是陪衬，基本上不做介绍。爱玛这位店长多年前来自新日专卖店，在尉氏县电动车一条街是位有名的销售高手。他的策略就是区分出产品的不同之处，让顾客明白一分价钱一分货。

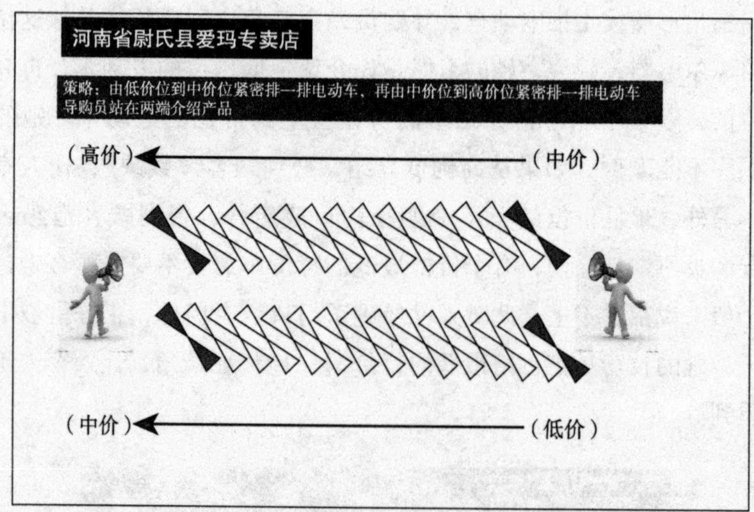

图4－3

图4－4：河南新乡市雅迪专卖店策略

图4－4

从低价、中价、到高价一字摆放三辆电动车，导购员先介绍中价位产品，然后拿一款近似的高价位和一款近似的低价位做对比，主推中价位产品。他的销售方法是“对比法”。电动车价格高高在哪里，价格低低在哪里，给顾客讲得一清二楚。雅迪在新乡市销售数一数二，人家经销商、店长也下过不少工夫。

【点评】

按照产品价位这样推荐产品，各有各的道理，孰优孰劣，很难一言以蔽之。可以肯定的是，这几位销售高手背地里都对此有过一番研究或长时间的琢磨，也可能早已将电动车销售流程化、程序化，并修炼得炉火纯青。正在从事一线销售的导购员，你是按照什么程序介绍产品呢？你有自己的销售套路吗？如果遇到顾客无休无止地讨价还价，你该如何应对呢？

第三节 案例拆解——见招拆招讲产品

【案例拆解一 国产手机销售大比武】

2010年5—6月份，根据某知名手机品牌销售话术培训的需要，我们组织了一个十二人小组，相继奔赴四川、湖北、湖南、广东四省，对国产手机品牌的金立、OPPO、步步高、万利达促销员进行了深度的调研。通过暗访和座谈，我们收集到不少鲜活的导购案例。为了大家阅读的便利，我将这些案例细分为：主动接待、了解需求、介绍产品、处理异议、讨价还价、催单成交六个部分，并对其进行一一拆解。希望能给一线的导购员带来些许启发或指引。

1. OPPO手机

背景说明

六月中旬，一行十二人对万利达导购集中调研接近尾声。调研组一分为四，开始对竞争品牌金立、步步高、OPPO手机进行导购调研。

【先听一听他们调研后的口述】

OPPO手机的导购员给顾客洗脑很透彻，讲解有套路、重流程。他们的讲解流程是：屏幕——滑轨——视频——主题——QQ——短信——电池。我们在天河城走访3个卖场，虽然每个导购员的介绍因人而异，但总的看来也大同小异。

张小虎点评

耐用消费品的介绍大致有两种方法。一种是以产品为导向，把产品各部件排一个先后次序，从头到尾去讲，即按照一定的流程介绍产品。另一种方式是以顾客为导向，根据顾客看人下菜碟介绍产品的部件，即顾客关注什么部件讲什么部件。前者重点是和产品打交道，后者侧重和顾客打交道。相对而言，新导购长于产品更需要流程，老导购见招拆招擅长与人沟通。OPPO 手机的导购员年轻有活力，采用“流程法”是种明智的选择。

(1) 屏幕介绍

我这款是真正的钢化玻璃，耐磨、耐刮、耐压，可以承受20公斤重量(演示：用手轻轻敲击屏幕)。同时屏幕也是高清屏，在太阳光底下都能看得清楚，对于经常在外面跑的人，这个功能我敢保证一定很适用，而且目前我还没有发现其他品牌有！

张小虎点评

其实，在太阳光底下都能看得清楚的高清屏，其他品牌早就有。比如2008 年金立手机的 F8 和当今 iphone 苹果手机用的就是这种夏普高分辨率屏幕，主要功能卖点“日光照射下保持可视显像”。当初也就是这句话让我感受到话术培训的魅力。这个导购员的过人之处是发现这几个市场调查人员是“经常在外面跑的人”，并且立即跟他们套近乎，保证这个功能“一定很适用”，把产品卖点与顾客的利益点有机地结合起来。

(2) 滑轨介绍

20 万次测试，每天 100 次也能用 3 年，而且采用密闭式设计，不会进灰尘（演示：拿出一张 A4 纸大小的宣传单，把一端塞进手机上下盖之间的滑轨缝隙，用拇指和食指捏住另外一端，把手机吊在下面，仿佛一只青蛙仰头咬住一张纸。告诉顾客这个滑轨密闭得很好）。而且下置挡板设计，保证手机掉下来不会摔成两半，滑下来的时候可以挡住它。

张小虎点评

OPPO 手机的这种演示不仅广州在用，我们在成都、长沙也经常看到。这说明这种夹纸演示是 OPPO 公司全国的通用模板。这让我想起来美菱冰箱在打广东市场时，证明其门封条紧，用的就是冰箱门夹纸拉不出来这一招。这一招的表演效果很好，有一定的可观瞻性。

不过他们也留有破绽，见招拆招并不难。万利达的 K500 滑盖手机的滑轨里有两颗螺丝，纸张根本插不进去。可以告诉顾客 OPPO 手机演示的是“上一代”手机，“新一代”手机实现了无缝接轨，针锋相对的演示方法是，无法插入纸张。回去可以让我们的导购员试试这个破解版好不好用，至少可以给我们的导购员一些信心。

(3) 视频介绍

播放画面无卡滞，非常清晰流畅。（演示：播放视频时，用力上下摇动手机，视频画面也不会因为震动而停止）

(4) 主题介绍

可以根据自己的喜好来下载主题，而且您喜欢哪个到时候我可以传给您！（演示：下载几个主题对比演示效果，不同的感觉）

(5) QQ 介绍

可以挂两个 QQ，一个是手机内置的，另外一个是 JAVA 内置的，而且上网的速度也很快！（演示：先打开手机内置的 QQ，再进入 JAVA 内置的 QQ）

(6) 电池介绍

诺基亚等品牌手机都不会有超长待机的，而且都是一块电池，但一块电池能用上五、六天。我们的也是这样。

张小虎点评

对于大众消费者来讲，不会超长待机而且还是一块电池的手机，应该说是一种缺陷，至少说是美中不足。进口品牌中的诺基亚、三星手机，当年就是存在这种电量不足用的致命缺陷，给了国产手机中的金立、长虹，甚至进口品牌飞利浦手机一个很好的突破契机——超长待机，白白失去了不少市场份额。一块1000毫安以下的电池，可以待机五六天，很难正常使用五六天。把缺点说成优点，拿国内品牌往国际品牌上靠，虽有强词夺理之嫌，在激烈的市场竞争面前也不失为一种小聪明。

2. 金立手机

六月十一日，金立手机调研小组的老申与老汤扮演成夫妻来到泰兴通讯店。在进店以后，走到离金立柜台0.5米、与促销员约2米左右即遭遇拦截。促销员这样跟他们“两夫妻”打招呼：“看一下这款L601超长待机手机，我帮您拿个真机过来看一下。”

老申口述：因为是个促销新手，她只是把功能简单地罗列了一遍——我们这个有超长待机、QQ农场、来电归属等等功能，待机时间特别长，还可以免费偷菜。这样一讲我就没啥感觉。她也许发现了我的心不在焉，马上改口说，要不帮您找个专业人士过来介绍一下（试探性话术）？我没有摇头也没有点头，表示默认！没过一分钟，她叫来了一个大姐（30岁左右，穿便衣，看起来蛮精明的一个人）。我心里在想，这个应该是金立的销售高手了。

张小虎点评

作为促销员，贵有自知之明。介绍的产品不对顾客口味，不要一条道路走到黑。要么换货介绍，要么换人介绍。我们不能改变顾客，那就改变自己吧。

（1）音乐功能

“先生，手机光看是看不出来名堂的，关键要试用来体验它的功能。这是一款音乐手机，我给您拿个耳机过来试试。”说着，她从柜台内拿过来一个头戴式的耳机插入手机插孔。她自己确定音量适中之后，再递出耳机给我，“来您试试效果！音质效果不错吧？”

张小虎点评

这里有一个细节，以前我在给金立手机的促销员培训时反复强调过。那就是，在给顾客试听音乐时，一定要自己先试听，确定音量适中之后，再递出耳机给顾客。否则，音量太小顾客听不到声音或者听不清楚。更为可怕的是，音量太大，让顾客振聋发聩，勃然大怒。案例中这个促销员的动作很规范。

（2）偷菜

促销员：“它也可以上农场，直接偷菜，您看这里面直接可以进去农场，直接偷菜，只收流量费。”

（3）手机电视

促销员：“这款手机还有手机电视功能（演示：进入手机电视菜单），您看这些电视频道都在这里，而且还有免费的，不过不多，只有3个频道。”

我提出疑问：“听说手机电视很贵，有些人一个月花几百元甚至是几千元！”

她马上否定：“这个不会，因为它只是收流量费，您可以包月，5元钱30M，而且您可以打电话或者发短信到移动公司去查询流量，这个会很便宜的。”

（4）电子书

促销员：“这款手机电子书下载也很快。”（演示：直接登录电子书栏目，然后快速演示下载）“您看这就下载好了，现在就可以观看电子书了。”

我感叹：她2秒进入下载页面、点击确认下载、5秒钟左右即下载完成！

（5）菜单

促销员：“您看它的菜单，可以左右滑动，并且有侧面的隐藏式菜单，喜欢什么就可以拉出什么功能菜单，非常方面，也非常不错。”

张小虎点评

高手卖货，练的就是眼到口到，手到擒来。熟能生巧，驾轻就熟。平时多流汗，战时少流血。走访市场不难发现，一些手机促销员特别是进口品牌的手机促销员，只会卖品牌，不懂卖功能，更别提产品演示了。你让她演示产品，她就去找说明书，自己看不懂，让你回家自己看。或者把同事叫来，大家一起现场研究怎么演示，令人无语。

3. 万利达手机

背景说明

六月底，综合 OPPO、步步高、金立三大国产手机品牌的滑盖手机的卖点介绍与演示方法，调研小组集思广益，为即将上市的万利达 K500 型滑盖手机量身打造了一下介绍流程和销售话术。在此一晒，以飨读者。

【万利达 K500 手机销售话术】

汪涵代言的 PDA： 看看汪涵代言的 PDA 商务手机。

手写按键双输入： 打开用按键，合上用手写。（演示：向上滑动手机露出按键，向下滑动手机突出屏幕）

与顾客互动，提问话术：您发短信时，用按键多还是用手写多？无论顾客说什么，促销员都迎合：那就太好了！

中文英文连续打： 我们的手机在写汉字的时候也可以输入英文，在写英文的时候也可以输入汉字。您看这样也行（快捷输入操作演示：快速点击数字键“9999”，屏幕显示“这样也行”，接着快速点击“852”，屏幕显示“谈恋爱”。以此类推点击“258”，显示“不好过”，点击“2589”显示“百里挑一”）我们的手机是百里挑一的！

双卡双待双号码： 您的朋友一定很多吧？这款手机双卡双待，一机双号，一个用于工作，一个用于生活，1部手机2个号码，1台顶2台。

两块电池双备份： 这款手机配2块原装电池，可以轮流使用，一个上班，一个休息。而且感应开关白天关闭，夜间打开，更加省电。（讲到此处，可以第一次催单）

高清屏幕真清晰： 您用手机看电影多不多？（等待顾客互动）我给您播放一段视频（操作：视频播放）您看它的字幕是清晰的，从不同角度看都是清晰的。（操作：把手机横着立在柜台上）您就是拿到阳光底下看，它也是清晰的。（第二次催单）

高音低音不失真： 万利达的影音是最专业的，高音不破音，低音不失真，而且歌曲与歌词同步（演示：耳机、外放）。（第三次催单）

张小虎点评

这其实就是汪涵代言万利达手机伊始，我们给万利达K500手机设计的一套销售话术。经过厦门、成都、郑州等地导购员培训现场的训练，大多数导购员豁然开朗。据万利达内部培训师透露，他们用这套话术巡回全国培训导购员销量翻了好几倍。

下面再和大家分享一下京崎手机的销售话术。

4. 京崎E661手机的“三心”销售话术

（1）外观动心——外在的漂亮

【话术一】

（手持手机）美女，看一下日本最流行的手机，全场只有我们有，而且是限量版的！（变换着角度让顾客看）您看，3D悬浮的外观设计，不管从哪个角度看，表面都闪闪发光。

【话术二】

（左手托起手机，右手爱抚手机）您看它的外观像不像真皮的包包？这是日本的4喷4烤工艺，比钢琴的烤漆还好，用硬币刮也刮不花。（动作：用一元硬币刮，把手机递给顾客）这里有三种颜色，纯白、纯红、纯蓝，纯粹的美。您喜欢什么颜色，我拿个真机给您看看？

【话术三】

（当顾客打开手机或递回手机时）您喜欢什么墙纸？来，按这个C键自己去选。您看是不是里面的主题都很漂亮？女孩子爱漂亮，每天一个好主题，每天一个好心情。

【话术四】

（引导顾客用指甲按键盘）您摸摸这个按键，它是专为长指甲美女设计的，按起来特别软、特别舒服。（如果发现顾客的指甲不长，改说：像您的指甲不长，按起来会更舒服）原先上上网、聊聊天，不一会儿指甲就开始疼，我们的按键绝对不会，您按几下，感觉是不是很舒服？

有时候洗手洗菜，电话突然来了，您会怎么办？是不是要擦干手再去接？我们的按键不怕水，不信我弄点水给您看。（动作：键盘滴水演示），不用擦，一点问题也没有，全场没有一家敢这样做。（独到卖点）

（2）质量放心——内在的质量

【话术五】

京崎手机的18个核心部件均为日本原装进口，这是国内其他手机无法做到的。

我们都罗列在这里了，（动作：把“质量台卡”指给顾客看）您看，夏普的屏幕、雅马哈的功放、松下的连接器、strawberry（原装进口）的转轴。

就说它的转轴吧，开合20万次没有任何问题，就是不小心坐下去也压

不坏。(动作：正反按压)

您看日本夏普的高清屏，从任何角度看都是清晰的，就是逛街时，对着阳光看也是清晰的。

这么好看的手机，这么好的质量，给您拿一台全新未拆封的呗？（第一次催单）

(3) 功能贴心——贴心的功能

【话术六】

我们的手机有五个快捷键（“五个一”话术），我给您演示一下，您看是不是很实用。

一键互联网：您喜欢上网，一键进入互联网。

一键截屏：您喜欢的网页、图片，一键就截屏。

一键换肤：您喜欢换墙纸，一键就换，一键一个好心情。

一键静音：您想要开会，一键就静音。

一键虚拟来电：您想要离开，一键就开溜！

【案例拆解二　销售少儿用品讨好家长或儿童】

国庆前夕，科龙公司推出容声牌儿童成长冰箱。儿童冰箱的使用者是儿童，购买者却是家长。家长关心的是少儿的安全、健康、成长，少儿的兴趣是好看、好吃、好玩。少儿用品怎么卖？是讨好家长还是讨好少儿？积多年少儿消费心理、家长消费心理的研究和成功推广此类产品的实践经验，笔者现以“四觉打动法”向大家展示如何推荐少儿用品，导购员究竟该怎么说，怎么做。

1. 卖点提炼

（1）听觉打动

受众：说给大人听。

利益点：专物专用——大人用大冰箱，小孩用小冰箱。

话术：现在流行大人用大冰箱，小孩用小冰箱。您看，（演示：伸手指向冰箱）这就是我们科龙公司专门为小孩生产的容声儿童成长冰箱，现在都流行给小孩买专用的小冰箱，我们这里一直卖得很火。

（2）视觉引诱

受众：给小孩看。

利益点：外观可爱。

话术：你看这小熊小狗多可爱呀！这是我们的“小熊乐乐”、“企鹅冰冰”、“小狗奇奇”，“知了博士”，还有很多很多，你喜欢哪一个？

（3）手势比划

受众：说给大人听。

利益点：使用安全。

话术：小孩只有用儿童冰箱才安全，您看您家里的冰箱这么高。小孩要拿上面冷藏的东西多不方便！（演示：脚尖点地，脚跟抬起，以手伸过头顶，扮小孩踮起脚跟伸手取物的样子）垫个凳子拿还容易摔着。要是上面放的易拉罐、啤酒一不小心掉下来还容易砸到小孩。（演示：转向儿童冰箱，将手搭在冰箱上沿）儿童冰箱就么高，您的孩子顺手就可以在里面拿东西。（演示：将手移向冰箱圆角）您看我们还专门设计成这种圆角，小孩即使撞上了也伤不着。小孩使用它您尽管放心。

（4）味觉联想

受众：说给大人和小孩。

利益点：有利健康。

话术：将孩子的食品和大人的食品放在一起，不利于小孩食品的卫生。特别把肉和孩子的冰淇淋、雪糕放在一起，容易串味。您想，冰淇淋带了鱼腥味多难吃呀！

小孩吃了串味、感染细菌的东西容易生病！儿童冰箱不仅解决串味问题，（演示：打开门摸着内胆）里面用的高效抗菌材料，还可以消灭有害细菌，有效预防儿童消化道疾病的发生。

2. 功能演示

姿势要领：整个过程身体半蹲，尽量保持与小孩同样高度，脸部靠近小孩脸部，按照从上到下，先冷藏室后冷冻室一层一层分别解说。

开场白：小朋友，让我们打开儿童冰箱看看里面有些什么？（动作：边说边打开冰箱门）

（1）旋转果盘演示

（演示：手摸旋转果盘）你看，这是专门放小东西的地方。像你喜欢吃的葡萄、樱桃、果冻都可以在这里面。这些抽屉还可以旋转，想拿哪个就转一下，非常方便。

（2）百变魔盒演示

（演示：手摸旋转果盘）把苹果、香蕉放在这抽屉里，水果的水分就不会流失、香气不易散发掉。你看这里还有三角形的百宝箱，（演示：拿开其上盖）最好吃的糖果、果冻可藏在这里面。

（3）散物架演示

（演示：把可插式散物架拿出来放在左手掌上）你猜这是什么东西？（稍停片刻）这上面是插棒棒糖、糖葫芦的，你看这些东西，还蛮有弹性。

（4）万能网兜演示

（演示：把小朋友的手拉向冰箱门内侧的万能网兜，示意小朋友拉一拉）你看这是放牛奶、汽水、橙汁的地方，爸爸妈妈给你买的好喝的饮料要放在这里！（演示：顺手把冰箱门关上）

(5) 数码电子屏演示

（演示：让小孩摸一摸冰箱门上的“大眼睛”电子屏）你有没有养过电子宠物？好不好玩？这里面有小鸡、小青蛙、小老虎等十种小宠物。和真的小动物一样，电子宠物也有它的喜怒哀乐。每过一天它长大一岁，每长七岁它就给你唱一首歌。要是你不照看好它，它就会生病、受伤、挨饿。你若惹它生气，它就不跟你玩，甚至逃走哦！

3. 询问成交

（演示：站起来，面对家长）看得出来，您的小孩太喜欢这种小冰箱了。小孩一天天长大，应该有自己的冰箱，他的东西由自己管理，大人也省很多心。你们看是要小熊冰箱还是小狗冰箱？

4. 巧问妙答

①容声儿童成长冰箱是否太笨重了？

——这是为了小孩安全。

答：容声儿童成长冰箱是专门为儿童度身订做的。为了避免小孩顽皮撞倒冰箱，专门进行了现在的设计，加重了冰箱的重量，这样冰箱就更加稳定，有利于保护儿童安全。

②容声儿童成长冰箱有没有噪音？放在孩子房间会不会吵得小孩睡不着？

——只有老人睡不着，小孩只会睡不醒！

答：那要看您的小孩是不是想睡觉，是否在找借口。小孩贪玩，总是睡不醒，不会睡不着。

③冷冻室太小，装不了多少东西！

答：冷冻室一般放冰淇淋等冰冻食品，小孩贪吃冷饮，吃多了会闹肚子。少放一些，有利于儿童的健康。

5. 趣味活动

为活跃现场气氛，增强亲和力，牢牢吸引顾客，可以在卖场开展如下两个小活动。

活动一：卡片分类

出示第一组彩色卡片，里面画有苹果、梨子、黄瓜、番茄、西瓜，让小孩指出哪些是水果，哪些是蔬菜；再出示第二组卡片，分别画有鸡、麻雀、蝴蝶、鸵鸟、蝙蝠等让小孩指出哪些是鸟，哪些是家禽。让他分门别类装到旋转果盘各个抽屉里。对于年龄较小不能区分类别的儿童，能识别图片即可得分。

现场给小朋友评分。对于得 90 分以上者，奖励卡片一套或其他小礼品。对于 100 分者，可奖励他参加活动二。

活动二：冰淇淋制作

①接电。把一台儿童冰箱插电制冷。

②备料。备好冰淇淋粉、奶粉、矿泉水、印有“容声儿童成长冰箱”字样的纸杯、搅拌棍、食匙（冰淇淋粉、奶粉分别装在定额的小塑料袋）。

③辅导。指导小朋友把冰淇淋粉、奶粉倒进纸杯里，注入矿泉水再搅拌片刻，然后再放入几粒葡萄、几片苹果或香蕉。

④储藏。打开冰箱门，将冰淇淋溶液放在冷冻室，关好冰箱门，表扬小朋友做得很好。

⑤标志。把小朋友的名字写在标签上，贴在纸杯上，以免和其他小朋友制作的冰淇淋混淆。告诉小朋友二十分钟后来取。最好能记下小朋友的生日、电话以便今后保持密切联系。

猜一猜：二十分钟后，少儿那张可爱的笑脸还会再现吗？家长那紧捂腰包的双手能为你松开吗？

第四节 训练工具——产品介绍的十大要点

表4-1

结合需求讲产品　　触动顾客利益点		
顾客关注的部件（画√）	话术提纲	要点是否说全
1. 塑件	不掉色、不褪色、不起皮	
2. 车架	车架粗、车架厚、车架重	
3. 电池	耐寒、耐热、长寿命	
4. 电机	动力大、提速快、跑得远、爬坡强	
5. 车闸	刹车稳、刹车柔、刹车死	
6. 车锁	骑不走、推不走、拿不走	
7. 鞍座	不变形、不塌陷、不断裂	
8. 减震器	一人骑就显作用，两人骑效果正好	
9. 语音	故障自动检测，缺电自动提示	
10. 定速	省力、省事、养护	

使用方法

一个顾客过来看完货离店3分钟内，导购员开始填写这个表格。根据话术提纲，你哪方面说到了就打“√”，没说到就打“×”。等下一个顾客过来之后，针对打“×”的项目，认真练习一遍，以完善自己的话术，顾客走后再填表。久而久之，话术提纲全都是“√”的时候，你就是介绍产品的高手了。

思考题

1. 市场营销教科书都会讲到FABE法则，每个英文字母代表什么含义？

2. 产品介绍实战高招有哪些？

A. 讲产品特点更要讲产品利益点

B. 强调产品的与众不同

C. 结合联系客户需求介绍产品利益

D. 把介绍产品与了解需求有机相结合

3. 如果按照价位推荐产品，是从低价往高价介绍好呢，还是从高价往低价介绍，或者先中间再两端？产品在地面如何陈列更容易介绍更容易成交呢？

答案：略

第五章

Chapter 5

顾客砍价不手软　应对还价有方法

上一章讲的是如何向顾客介绍产品。但是否我们介绍了产品后，客户就购买了呢？一般情况是客户既不马上购买，也不轻易离开，而是提出这样那样的问题——用专业的名词说就是顾客异议。

在销售的过程中，从接待到成交，甚至成交之后，客户都会提出异议。可以说顾客拒绝是销售的一种常态。缺乏耐心的导购员不了解这一点，常常认为：顾客进店不是来对抗的就是来砍价的。而优秀的导购员不会惧怕客户的拒绝，只会理性分析顾客拒绝的原因，并拿出处理异议的办法。总的来说，客户拒绝的原因有三个方面，每一方面又有一些细分，见下图。

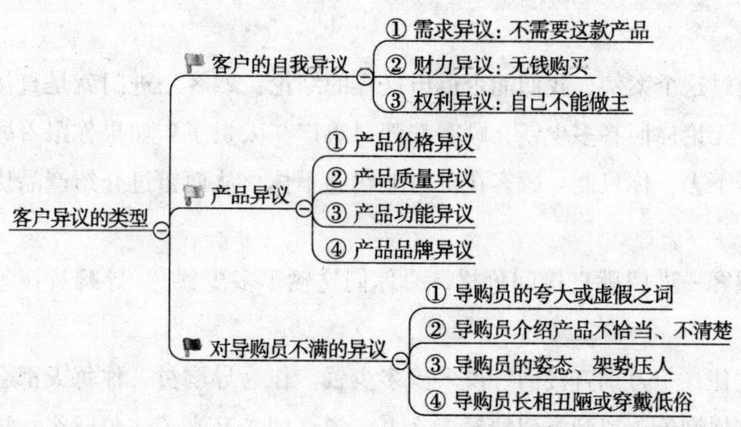

图 5－1

如果这几个问题发生在耐用消费品行业，哪个异议处理起来会比较棘手呢？作为一个终端实战培训师，笔者与学员探讨交流发现，相对于前面几个问题，价格问题最为棘手。在各项异议当中，导购员最难处理的异议恐怕是价格异议。而且价格异议贯穿于销售的初期、中期和后期。所以，我们首先从价格异议的处理讲起。

第一节　顾客初期来询价　不要直接回答他

【案例】

我出差去深圳，想在万象城买一条漂亮领带，进门一问价格1800元，我会怎么说，对了，太贵了！到了成都讲课，在一家商场我又见到这条同一花色同一品牌的领带，进门一问价格，多少钱？580元。我当时怎么说？对了，还是太贵了！陪同的成都客户见我有意购买领带，说，张老师，我带您去大成服装批发市场，那里有一条领带与这条一模一样，最少能便宜一半。我们打的过去，一问，你猜人家报价多少钱？80元。我怎么说？对了，太贵了！讨价还价的结果是100元两条。

通过这个案例，我们能否得出这样的结论：顾客一进门就是直接询问价格，无论你回答多少钱，顾客都随口答曰：太贵了！如果你跟着顾客的引导走下去，你只能与顾客在价格上纠缠不休，从而错过介绍产品优点的机会。

顾客一进门就直接问价格，“你们这辆车多少钱？”导购员该怎么回答呢？

记住，千万别直接回答说多少多少钱。作为导购员，你每天都会遇到顾客这样询价，遇到类似情景怎么办？说话间，又来了一位顾客，进门就问：这辆车多少钱？你听听我设计的销售话术，并体会一下这样回答的效果。

导购员销售话术：我们这辆车比较贵。按照我的意思，您别买这辆车，这辆车性能、外观、做工、质量都不一般，价格高得离谱！

顾客的胃口马上被你吊了起来！就会问：“贵？贵是多少钱？一万元

够不够?"

"一万元肯定用不了，"导购员先把这辆车多报五六百元的价格，"这辆车最低××××元。"

顾客惊讶："这么贵!"

导购员："看看，我说贵吧！我还是给您推荐一款便宜的吧!"

实际调研结果表明，60%—70%的顾客会认定这辆车，即使导购员介绍其他低价位车型，他也不会买。他会钻牛角尖：这辆车为什么这么贵?它究竟贵在哪里?"

顾客的胃口是不是马上被我吊了起来！这样导购员就能控制住话题，把顾客注意力转向电动车电机、电池、车架的介绍上。

【案例】

顾客问：这辆车多少钱?

【销售话术】

1. 听您问话就知道您不一般，您问的这个型号价格挺贵的!

2. 您挺懂行，这个可不便宜!

3. 您好眼光，这个产品有些贵!

策略

先拍顾客马屁，让他感觉舒服，同时切断他的小脑——打断他信口开河说产品太贵的惯性，引起顾客好奇。接下来控制销售话题，顺理成章地介绍产品。

第二节　顾客中期来砍价　让价不多决心大

导购员把产品向顾客介绍了一段时间后，顾客对产品就有了一个大致的了解。有的顾客甚至来自竞争对手的专卖店，比较懂行。此时他就会拿竞争对手的低价格，与导购员进行砍价。比如这样讲："你这里要 2000 元，人家 × × 店跟你的款式一模一样只卖 1600 元。"

这时候导购员要沉得住气，做好讨价还价的准备。沉不住气的导购员往往会这样说："人家 1600 元卖，我也可以 1600 元，您要不要？"

若是这样，你就掉进了顾客编造的谎言圈套。这还是次要的，主要是顾客刺探到你的底牌后，不一定马上购买，反而拒绝道："我还是看看再说。"然后，顾客又回到竞争对手那里，用 1600 元这个价格再压制竞争对手以 1500 元成交。

在商言商，价格上能多争取一点，老板就多赚一点，导购员自己的提成也多点。中期如何砍价才能占据上风呢？这里也有两个策略。

1. 痛下决心策略

①要店里来说

如果你是店外经营，顾客在店外让你降价，问你最低多少钱，导购员不要马上说，而要让顾客进到店里来说——给顾客营造一种神秘的气氛，暗示顾客到店里面谈价格会有优惠。

【场景】

导购员小王正在店外对顾客讲解电动车，顾客问最低多少钱。

小王四处看看，神秘地告诉顾客说："走吧，到里面说。"（话术）

那意思是店外人多眼杂，让别人听见了不大好。

当顾客屁颠屁颠地跟进去的时候，小王就以比较凝重的表情，悄悄地告诉那位顾客："最多可以优惠30元。"

顾客听说只优惠30元，像赤脚踩到了一颗钉子上一样，拔腿就跑，站在店外直嚷嚷："就优惠30元钱，还到里面说！"

小王马上追了出去，说："回来回来，价格好商量。"

顾客站在原地不动，问："怎么商量？"

小王故技重演，还是那句话："走吧，到里面说。"（话术）

顾客被那款车所吸引，鬼使神差般又走到店里。尽管第二次让价也不多，但最后还是成交了。

跟踪发现，小王所卖的车辆在处理价格异议的时候经常会使用这一招，并且屡试不爽。

②要收款台说

如果是店内经营，在店里面讨价还价的时候，我们应该把顾客拉到收款台前，并且告诉顾客"不会给您贵的，您放心吧"。

领到收款台前，也不是张嘴就说价格，翻翻账本子，最好把价格卖得高的发票底单遮遮掩掩给顾客看："您看我们卖的都是××钱，我给您的价格不高吧？"

③要写纸上说

在江苏苏北某县城电动车专卖店，我扮演顾客要买电动车，几个回合过后，老板娘开始催单，说："咋样？给您推一辆？"

我说："别，你标价2000元，最低多少钱？"

"您过来，您过来，"她把我带到收款台前，翻箱倒柜找到一支笔，又随手撕了一张收据，在收据背面写到1980元，价格下面又画了两条横线，然后往收款台上啪地一拍，说："就这个价格。"

我看她表情那么凝重，不觉暗暗称奇。奇的是她一辆电动车赚了三四百元，折腾半天只让了区区20元，却脸不红心不跳。如果不是事先知道低价，看她下了那么大的决心，真给她唬住了。

④要用计算器说

同样道理，导购员不要将价格一口说出来，先用计算器算计一番，再拿计算器给顾客看。这看上去有点儿像旅游景点的小贩做外贸生意，因为怕老外听不懂汉语，不停地鼓捣计算器。其目的无非是“装样儿”，潜台词：我算计一下这个价格给你是否会亏钱，还好，不赔不赚，这已经是最终价格了。

总之，做买卖虚虚实实，真真假假，你要摸透消费者的心理，对症下药。给消费者一种价格已经“到底”的感觉，你是心不甘情不愿做出了价格的最大让步。切记，顾客砍价，不要张口就说。否则，即使你给出的真的是最低价、成本价，顾客也不一定领你的情。

2. 小幅让价策略

①要小幅度让价　不要上百让价

顾客让你让价，多数情况是探寻一下你的让利幅度。一千多元的电动车导购员随口优惠出去200元钱，顾客会怎么想？他们见你这么容易就优惠了200元，就会认为这个价格还有很多水分，那顾客对价格就会砍得更低，不会轻易把人民币掏出来。

我逛商场买衣服，经常遇到面无表情的导购员先来一句“欢迎光临”之类的废话。如果见我看上一件标价560元的衣服，导购员就会言不由衷地说：“这件很适合您，现价280元，五折优惠。”

你听听，500多的品牌服装一下子便宜到280元。遇到这种“水货”，我一般只会出价80元。

②要分几次让价　不要一次到底

导购员即使把最低价格告诉顾客，顾客也不会相信，顾客只会相信自己一点一点砍下来的价格才是最低的，所以导购员与顾客砍价还价的时候要分几次让价。毛泽东抗战时期写过一篇文章，叫《论持久战》，习惯于速战速决的导购员为何总是不能如愿以偿，不妨看看这篇文章。

③表示受到诱惑　实在无权让价

顾客说，“我等着上班呢，你再便宜点”或者“我身上带着钱呢，你到底让不让?”

这时候导购员要表示出理解：“我知道您带着钱的，也知道您有心买，如果能这个价钱卖给您，我早卖给您了。但是，我实在无权亏本给您。”

④顾客表示要走　暗示同伴让价

顾客达不到自己的砍价目的，要么继续磨蹭，要么直接走人。这个时候如果店里有其他同事，最好示意你的同伴上去挽回，比如使个眼色、打个手势，让这个同伴扮演成比你高一个级别的店长、经理、老板做出少许让步，让顾客见好就收。不过，千万不能“穿帮”让顾客看出破绽，否则弄巧成拙。

⑤要等走出五步　不要太早太迟

此时，也有顾客不肯善罢甘休，甚至会做出佯装要走的样子，以试探导购员会不会拉他回去。这时候，导购员往往很矛盾。如果屈服让价，没法跟老板交代；如果不肯让价，白白地丢失了一个顾客。

针对这一难题，安徽的一位经销商给出了一个完美答案。

【应对方案】

他说，遇到佯装要走的顾客，导购员不能马上拉他们回来，否则，自己会陷入被动。最好的做法是，一面自信地告诉顾客，这个价钱你走到哪里也买不到，一面拿着抹布擦车，暗示顾客你爱买不买。但是，你一定要用余光偷眼观察顾客的下肢，数一数看他走出几步，一步、两步、三步……你不要出声，如果此时他站住不走了，又开口与你讨价还价，说明他的下意识是想买车不想走人，你抓住他这一心理稍微让步就能成交。如果他继续向外走，走到了“第五步”，你怎么办？马上改口软下来说：“唉，回来回来，您再加一点钱。”大丈夫能屈能伸，不能让尿憋死。

为什么要等顾客走到第五步就马上服软改口？如果等顾客走出十步，导购员再叫他行不行呢？一般来说，不可。试想：顾客买东西有时候就是去享受砍价的乐趣，假装要走不过是一个小手段，你不将计就计给他个台阶，君子一言既出，迈出了你的店，为了面子怎么好意思再回来。可能他走到第六步就开始后悔，盼望你赶快叫他回来吧，心里说：算你狠，你怎么不挽留我！于是，一跺脚，一咬牙，一去不回头。

当然，也有归去来兮者。出去兜了一圈，没有发现更便宜的产品，就一不做二不休厚着脸皮又折了回来。

第三节 后期砍价堵退路 柳暗花明又一村

最终的后期砍价是最难处理的，尤其对于新导购员来说。这时候的顾客会说些什么话呢？我们看一看：

* 谈了这么久，你就再便宜点吧，再少200元我就要了！
* 买一辆不打折也就算了，我买两辆也不打折呀！
* 我同意这个价格，我老婆不同意，你得再便宜80元！
* 我就带了2000元钱，你这个2150元，我没有更多的了，2000元钱你卖不卖。

总之，这时候的顾客就是开始磨叽起来，得寸进尺，死缠烂打，软磨硬泡想让你再把价格降一降。不妨用下面的方法处理：

1. 退步示弱策略——山穷水尽疑无路

比如：

"真的没有价格空间了。"

"我们从来没有卖过这个价。"

"这已经是特价了。"

"您过来几次了，我能给您早给您了。"

这样说的目的是告诉顾客，自己无权再让价，以防止顾客得寸进尺，把双方的讨价还价拖到胶着状态，逼迫顾客投降——放弃再砍价。

如果顾客退缩，导购员就大功告成；如果顾客不依不饶怎么办？导购员只好使用请示领导的"杀手锏"。

2. 请示领导策略——柳暗花明又一村

遇到顾客死缠烂打，导购员是否马上请示领导？NO，答案是否定的。

如果导购员此时请示领导，万一领导不给优惠他肯定以此为借口不购买；即使领导优惠了，但没有达到他的要求，有可能他还不购买。到头来，导购员惹怒了领导又丢掉了生意，两头不讨好。

凡是遇到这种情况，导购员要这样说：我不敢请示领导！然后停顿片刻，察言观色，等待顾客追问“你为什么不敢请示领导？”

【话术举例】仔细品味以下两段对话，琢磨一下导购员如何控制顾客，堵住顾客的退路。

顾客说：“您无权给我再优惠点儿，找您们经理，看他给我优惠不优惠！”

导购员示弱话术：“我不敢请示领导。”

顾客说：“您为什么不敢请示领导？”

导购员委屈话术：“昨天就遇到一位您这样的顾客，他说我请示了领导之后他就买，我只好请示我们经理。我们经理给他优惠了几十块钱，可他最后没有买，害得我被领导骂了一顿，您确定今天要买吗？”

顾客：“今天买。”

导购员进一步话术提问：“您今天带钱了吗？”

顾客：“带钱了。”

导购员话术提问：“您确定我请示领导后一定买，不需要再跟家人商量了吧？”

顾客：“确定。”

张小虎点评

话已经说到了这个份上，那就请示领导呗！拿起你的手机，随便拨个手机号码，装模作样一番请示，其结果自然是领导同意再优惠多少多少

钱。记住，别一激动拨通了110就行。（OK，开单成交）

这个策略总结为：顾客死缠烂打，请示领导出马，担心自己挨骂，防止顾客变卦。懂英文的孙路弘老师戏称这为“他妈的”策略（逼顾客答应“今天”买，英文Today，开头字母T。带钱了吗？钱，Money，开头字母M。确定，决定，英文Decide，开头字母D。连接在一起TMD，正好是中文“他妈的”）。

3. 得了便宜要卖乖——顾客感觉才便宜

导购员一面开票，还要一面“卖乖”，让顾客再吃下一颗定心丸。

【话术举例】

导购员卖乖话术①：“我们经理给您这么便宜，您回去得给我们宣传，再给我们带来几个顾客。”

导购员卖乖话术②：“这个价格您不能告诉别人，否则，不给您三包！特别是遇到公司的人打电话抽查，您一定要多说200元，公司抽查的人一般说的是普通话，与我们本地人说话不一样。”

导购员卖乖话术③：“我们给您申请这么低的价格，我们几个导购员的提成没了，您得给我这两位同事买瓶饮料，要不他俩有意见。我的那一瓶您别买了，等一会儿我自己买。”农村顾客很淳朴，大多数情况下，会给这些导购员买饮料，以表谢意。

这样，不仅赚了顾客的钱，还让顾客心花怒放，心存感激，这才是“双赢”。

第四节　案例拆解——九轮砍价成一绝

背景说明

约定的讨论总结环节一到，其他几位参与市场调研的培训师就鱼贯而入我的房间。一向守时的万利达培训经理小叶微服私访出去了老半天，还没有打道回府。大家开玩笑说，他是带着录音笔走的，会不会被手机卖场保安抓住了。正说着，他大摇大摆地晃身子破门而入，就像从故宫盗回国宝一样地兴奋。

"让我先说，别把刚才的精彩一幕说漏了。成都绵阳店有个女导购员真是厉害，她不仅产品讲解得好，讨价还价的水平更是成都一绝"。

看他一张诚实的脸涨得通红，其他几个培训师——也是他的部下，立即停止了讨论，都支棱其耳朵，等待他的下文。

"等她给我介绍完咱万利达 K17 的功能，我问她最低多少钱，她说公司这几天打特价，最低 1180 元。我问她还能不能便宜，目的是赶快脱身，好回来整理从她嘴里抠出的经典话术。你们猜她怎么说？我学得不一定像，还是给你们听录音吧"。

【第一轮】

【录音回放】先生，您今天要是诚心买这款 K17 的话，我去帮您问下，不过空间不大，只有几十块。您要是想买便宜的话就拿这个 629 型的，才 799 元！

小叶补充：她拿 629 和 K17 对比，意思是，万利达也有价位低的，但档次和功能不一样。

张小虎点评

给客户推荐一款高价位产品，一旦客户嫌贵，就推荐价格稍低的一款“疑似”产品，这种做法有利有弊。有利的是可以以此堵住顾客的嘴。不利的是顾客肯定不高兴，心想：我说的是那款产品贵，又没有要你这个低价货。言外之意，我不是买不起价格贵的，我要给你砍砍价方不吃亏。

【第二轮】

【录音回放】我说嘛！629 型的那款才 799 元，您相不中。您是不是喜欢这个机器，少的话可以，不过空间不大，您要是真心要买的话我可以送您个价值 100 元的按摩器，比便宜几十块钱实惠多了。

小叶补充：我估计，如果您想要她不送东西直接少 100 元的话，就会“中计”，她会直接卖给你，那是成交的最低价格。

张小虎点评

不要赠品直接要求折现，是促销过程中经常碰到的问题。导购员解决这一问题最好的办法就是将计就计，给顾客一个价格不透明的赠品并掌握折现的权利。一般顾客会见好就收，接受赠品。牛 × 型顾客会刁难导购员不要赠品要现钱。小叶推测这是导购员的一计阴谋，很有道理。

【第三轮】

【录音回放】如果您今天决定买我就去问下价格，您是不是确定就买这款？

小叶补充：我点头就要这一款。她直接去了办公室一趟，回来告诉我说 1020 元。我说这个价格我肯定不满意。

张小虎点评

这就是本章第二节中提到的方法：为了给你个好价钱，我可是请示领导才争取到这个价位，赶快购买吧，不能再少了。如果遇到真买主，就这一招儿估计就能得手。

【第四轮】

【录音回放】除了价格还有什么问题没？您买的品牌机三包都是应该的，要是没其他的问题的话我可以把其他的服务给您做得更好点，要不要我再给您讲下产品的功能？

张小虎点评

牛不喝水不能强按角。如果穷追猛打不能把顾客立马拿下，缓和一下气氛把话题转移到服务上来，或者再回到产品打动上去，都是不错的方法。

【第五轮】

【录音回放】先生，这款机器您喜欢吧，要实在不行您就拿个便宜的吧！我们最贵的E500估计您更不能接受。

小叶补充：这个时候她拿出了629好像在鄙视我一样。几乎同时，她又从口袋里面拿了万利达最贵的E500出来给我看，意思就是您要买的这个不是万利达最贵的，还有更贵的。

张小虎点评

这是一个“中间开花”的产品介绍技法。先介绍中档价位的产品，然后向低价位产品和高价位产品延伸。本书上一章《结合需求讲产品　触动顾客利益点》中有详细介绍。在这里，导购员给顾客出了一个多项选择题。让顾客对比之下，不要动摇，选择中价位产品，同时也为自己赢得了更多的销售机会。

【第六轮】

小叶补充：我怕夜长梦多，反正我们是做调研的，千万不能买一部手机回来。于是我起身准备走，说，不便宜算了！她马上拉住我说“有事好商量”并把我按坐下。马上去请了个领导——不知道他到底是不是领导，倒是扮演得比较像。领导很配合。请听这位“领导”怎么说。

【录音回放】师傅，您看您是喜欢这个机器吧，我看您是真心实意要买的！如果您不是真心实意要买的话，导购员也不会叫我过来，既然您这样有诚意，机器又喜欢，我也来了，这样吧我把服务给您做到更好一点，您就拿这个怎么样，1020块给您！

张小虎点评

“顾客死缠烂打，请示领导出马”。“退步示弱——山穷水尽疑无路，请示领导——柳暗花明又一村”。

【第七轮】

小叶补充：这个价钱还是刚才的，大领导来了，一点儿没有便宜。于是我问他们800元行不行？因为我知道产品底价，所以我直接开到一个他们根本不可能销售的价钱，800元。

【录音回放】您要是有诚意就开个有诚意的价格，800怎么行？去，给客人倒杯水。小兄弟我看您很爽快啊您多大岁数啊，八几年的？

小叶补充：我说1980年！

【录音回放】不可能，至少1985年的，这样吧，赌一把。您要是1980年的，我给您少60元；要是1985年的您加60元，拿身份证来赌一把！

张小虎点评

这下顾客麻烦了，人家猜错了少收60元，猜对了多付60元。其实就是用打赌的方法给你60元优惠。这样大家都有个台阶下。这温柔的一招儿，你也是第一次听说吧。

【第八轮】

【录音回放】您不敢打赌吧？您开个诚意价格，您价都还了，又有诚意买，机器那么喜欢，您能不能加一点，您看小妹妹都介绍那么久了，您能不能爽快点，您看下包里有多钱，有多少钱给多少钱。

小叶补充：我说我包里钱不够，就800元。

【录音回放】您说的是现金，您还有卡嘛，卡里面有多钱？

小叶补充：我说几万。

【录音回放】他说几万块还在乎这几十块啊，来来来，小妹，给这个大哥按摩！

小叶补充：她们真会开玩笑，马上有个女的过来给我按摩肩膀，我想走走不了，不好意思地退了回来，“被坐下”了。

张小虎点评

先是让给顾客倒水，又说小妹妹介绍那么久了，最后让给顾客按摩。让价之外又送这么多感人的服务项目。人家示弱，示弱，再示弱。你再不买，你还是个爷们儿吗？呵呵。

【第九轮】

小叶补充：我说万利达我也不大喜欢。实在没有退路了，我只能通过自残品牌逃之夭夭！

【录音回放】要不这样，您喜欢什么样的我们给您拿过来，诺基亚有便宜的399、499的，不过我看您也不像买399、499的机器的人。

小叶补充：后来没有办法我就强硬地要走，诸多品牌的七八个导购员跑出柜台拉我，还有人追到门口。这里竞争之激烈居全国之首！

当我到了路口等待过斑马线的时候，刚想松口气，万利达的促销员追了出来，说800元就800元，卖给您……

张小虎点评

与顾客讨价还价，对于导购员来说是最难的一件事情。相对于顾客，导购员肯定是弱势群体，尽管房地产商、拆迁办、城管、公安，甚至少林寺方丈都声称自己是弱势群体。如何与顾客讨价还价占取主动呢？读完这个拆解案例，估计你会茅塞顿开。

【后续】

回到本文结局，你可能和我一样产生疑问，800 元钱，导购员会卖那部手机吗？在暗访结束的时候，我专门问导购员小舒这个问题。小舒害羞地说：“不会，等他回来，我们还会从头再给他来一遍。”

第五节　训练工具——讨价还价的三个策略

表5-1

顾客砍价不手软　　应对还价有方法			
时间	砍价策略	砍价技巧	有无做到
初期砍价	悬念控制 突出产品	顾客开口问价格 不要马上回答他	
中期砍价	决心要大 让价要少	要店里来说 要收款台说	
		要小幅度让价　不要上百让价 要分几次让价　不要一次到底 表示受到诱惑　实在无权让价 顾客表示要走　暗示同伴让价	
后期砍价	坚守底线 请示领导	表示无权让价　防止得寸进尺	
		拖着胶着状态　逼迫顾客投降	
		顾客死缠烂打　请示领导出马	
		担心自己挨骂　防止顾客变卦	

使用方法

1. 顾客离店3分钟内填写本表；2. 在做到的项目里画"√"；3. 顾客产生了价格异议请填写本表格，未产生价格异议不填写。导购员根据这个工具看板，在平常卖货处理价格异议时多多对照下，讨价还价功力会增加三分。

思考题

1. 文中提到，顾客一进门就直接问价格，无论你回答多少钱，顾客随口答曰：太贵了！如果你跟着顾客的引导走下去，只能与顾客在价格上纠缠不休，从而错过介绍产品优点的机会。根据你的理解进行重要性排序（　　）

A. 大多顾客对价格很敏感，价格能回避则回避；

B. 进门问价，这时的焦点在价格上，应转移焦点，先体现价值再明确价格；

C. 顾客常说：太贵了！不能给顾客说“太贵了”的机会；

D. 这种情景适用于价格不占优势的品牌。

2. 文中描述了一个实战情景：“您过来，您过来，”她把我带到收款台前，翻箱倒柜找到一支笔，又随手撕了一张收据，在收据背面写到 1980 元，价格下面又画了两条横线，然后往收款台上啪地一拍，说：“就这个价格。”根据你的理解进行重要性排序（　　）

A. 空口无凭，立字为据，写在纸上的说服力比直接用嘴说更强；

B. 写在纸上，给顾客营造一种慎重、神秘的购买氛围；

C. 别人报价都是用嘴，她用纸写，突出了她的与众不同；

D. 价格是机密，这个机密只让你知道，显示她对顾客的信任及想成交的迫切心情。

3. 文中提到：要等走出 5 步、不要太早太迟。根据你的理解进行重要性排序（　　）

A. 超出 5 步，顾客可能就走出了专卖店，在走出专卖店之前要把顾客叫回来；

B. 走出 5 步再叫，给顾客营造出一种导购经过慎重思考后痛下决心的意境；

C. 顾客在走这 5 步的过程中，也是充满了矛盾的过程，在矛盾正激烈的时候叫他回来；

D. 大多顾客转身，其实是试探，导购要给顾客一个台阶下。

答案：1. BACD　2. BADC　3. BCDA　4. ADCB

第六章

Chapter 6

功能异议巧变通　品牌异议妙总结

顾客对于产品的异议归纳起来有以下六种类型，即，功能、质量、售后、品牌、价格、促销。关于价格异议的处理，上一章已经讲过。这一章接着讲功能和品牌异议的处理。

表6-1

序号	异议类别	举例
1	功能	款式、色彩、工艺、节能、噪音等。
2	质量	卖瓜的都不说自己的瓜苦，能用多久？
3	售后	产品万一坏了怎么办？
4	品牌	这个品牌并不太出名，我从来没有听说过。
5	价格	对面的东西跟你们的一样，人家比你的便宜多了。
6	促销	我先看看，你们节日打折我再来。赠品我不要，你直接折扣成现金吧！

第一节 功能异议巧变通

1. 人无我有 突出产品的优点

如果你的产品具有的优点为竞争对手所没有的，或者比竞争对手好，导购员介绍产品时就要着重强调这个优点。

比如，导购员在介绍新日电动车的鞍座时，可以强调新日的鞍座好，即“不夹手、不伤手、不生锈”，小孩坐在后面，大人不用担心小孩把手伸进鞍座时会被夹伤。

导购员在介绍电动车磁能电刹车的好处时，可以强调新日的电辅助刹车“前后轮同时刹，刹出的是一条直线，刹车的时候不前倾，不甩尾，不侧滑，不侧翻，下雨天、下雪天不容易摔跤”。

这些优点为新日电动车所独有，导购员在介绍产品时可以大张旗鼓地突出其优点。

2. 优劣参半 折中产品的缺点

一般来说，每个产品都有部分优点，也都有部分缺点，甚至该优点同时也是缺点，这就需要导购员在突出其优点的同时还要折中其缺点。

【案例1】

卖欧洲车和卖日本车，介绍重点就不一样。欧洲车耐撞，但不省油；日本车省油，但是不耐撞。所以在销售欧洲车时就要讲它的安全、耐撞，销售日本车就要讲它的实惠、省油。

【案例2】

一个顾客想买40码的鞋子，导购员一看库存记录，40码的鞋子卖完了，只有39码和41码的了。导购员怎么应对？实际上鞋子差个一码感觉并不强烈，如果实话实说就少卖一双鞋子。

经验丰富的导购员一般都会这样处理：

直接把41码的拿出来让顾客试。顾客若感觉大，导购员就说："鞋大一点就对了，垫个鞋垫刚刚好。"

如果41码的也卖完了，就剩39码的怎么办呢？导购员把39码的鞋子拿出来让顾客试，顾客若感觉小，导购员就说："鞋小一点就对了，鞋呢就是越穿越大，越穿越松。"

有的导购员更绝，干脆给你来个偷梁换柱，趁顾客不注意，用40码号的不干胶将41或39的码号贴住。顾客试穿时再被导购员一忽悠，还觉得，嗨，就是那个理儿。

任何产品都有缺点。没有十全十美的产品，导购员面对产品的缺点不是抱怨，而是进行折中处理，善意地用增白霜掩盖一下。

3. 区别对待　结合顾客利益点

针对不同的顾客，利用顾客的不同需求，灵活介绍产品。

顾客有的喜欢车座软一点，有的喜欢车座硬一点。导购员在向顾客介绍时，要见机行事，灵活应对。顾客喜欢车座软一点就推荐软的，若是喜欢车座硬点的就推荐硬的。同样道理，顾客说车型小，导购员就推荐大一点的车型。顾客说车胎太宽，导购员就推荐车胎窄一点的。

【案例1】

河南驻马店，导购员接待了一位孕妇，她向这位顾客推荐的是一款车胎比较宽的车型。宽车胎的缺点就是耗电、阻力大、跑得慢。但是这位导购员就是根据这位顾客的情况——已经怀孕几个月，针对介绍宽车胎的车型虽然跑得不是很快，但是跑得很平稳、安全，以此来打动顾客。

【案例2】

前几年我购买了一辆1.8T的帕萨特汽车。为什么要购买这款车呢？因为它加速快、超车快、最高时速260公里、内部空间宽敞等。对于经常穿行在珠三角高速路上的我来说，这几个优点让我很受用。但对于我那位身材娇小的太太来说，车身颜色漂亮是利益点，但加速快、最高时速260公里简直成了致命的缺点。用她的话说，开这辆车踩一脚油门必须再踩一脚刹车，原因是怕追尾。于是我常“夸”她开车稳，从不超40公里。她骄傲地告诉我，一次路上没人，她还开过60公里呢！

如果你是汽车导购员，你该如何说服我们夫妻呢？那就是见啥人说啥话。你可以跟我说速度快，跟我太太说刹车柔刹车稳。

以上案例足以说明，对于不同的消费者，产品某些缺点正是其推崇的优点，某些优点正好是其讨厌的缺点。辩证地处理好产品的功能异议，需要导购员日常做足功课，两个人一起反复对练。

第二节 品牌异议妙总结

关于品牌异议导购员一定要处理好，把品牌讲好了，顾客就不会觉得产品价格高；品牌没讲好，顾客就会围绕价格反复砍价。

1. 大品牌财大气粗 站着说话不腰痛

在服务企业的过程中发现，小品牌愁的是无话可说，大品牌愁的是不知说啥。以电动车行业第一品牌新日为例，面对企业获得的几十项荣誉，导购员就不知道该说哪几个。那么，导购员该如何向顾客介绍新日的品牌呢？

2008 年北京奥运会，新日电动车是指定用车；2010 年上海世博会，又是指定用车。这两项荣誉都是行业内独一无二的，其他品牌是无法比拟的。建议导购员强调这两次指定用车。这比成龙代言、驰名商标、免检产品等荣誉称号更具不可替代性。

奥运会指定用车和世博会指定用车我们先讲哪个呢？建议在上海世博会的这段时间，我们要多讲新日是上海世博会指定用车，但是奥运会更加家喻户晓也不能忘记讲奥运会。

在整个世博会期间，各个专卖店都要建一个店内世博园，即，将世博会指定用车建成一个专门的展区。有条件的经销商最好找个木工做一个几米见方的“中国馆”红房子，摆在自家的电动车世博园内。顾客一来到店里面，导购员就把他们直接引导到“电动车世博园”。

奥运指定用车宣传有几个道具，一个是以前专卖店做的宣传展板、灯箱，还有就是新日公司发放下去的奥运会用过的 2000 多辆电动车，如果哪个店有幸得到了奥运会返还的“指定用车”，一定要摆出来；如果谁只顾眼前利益又把它卖了出去的，建议要高价买回来，一万元以内的价钱都值得买回来。为什么要买回来呢？这就是镇店之宝啊，就像拥有一瓶万国博览会展出的茅台酒，这瓶酒现在很值钱的，1000 万都不止。我们把车买回来就摆在我们的店里，当神一样地供着，有顾客来买车的时候，我们就可以直接指给顾客看，别的品牌说自己的车好，那奥运会、世博会怎么不使用他们品牌的车子呢？

【话术举例一】

顾客异议：新日品牌我从来都没听说过，是新出的吗？

导购话术：哎呀，真不好意思，我们的工作没做好，这我们得检讨。新日电动车是北京奥运会也是上海世博会的指定用车，连续 4 年全国销量第一，您要是国家主席，您也会选新日，低碳、环保、质量好。

【话术举例二】

历史悠久：万利达成立于 1984 年，已经有 27 年的历史，是靠品质发展到今天的，买产品首先要选放心的品牌是吧？老品牌的品质最可靠，技术最雄厚，买着放心，看着舒心！（手指单页上万利达成立于 1984 年）

专业规模：万利达只专注于电子产品生产，是中国电子信息百强企业，国家首批重点创新型企业，一直位于中国品牌 500 强，产品销往 80 多个国家和地区！

驰名商标：万利达荣获“中国驰名商标”、“中国名牌”、“中国质量免检产品”，2009 年品牌价值 18.92 亿元。

2. 小品牌偷梁换柱　瞒天过海没商量

有人可能会说，这些企业都是行业的翘楚，一俊遮百丑，咋说都体面。如果企业没有什么人前显摆的嫁衣，该如何用品牌打动顾客呢？

小品牌的导购员遇到这些问题应该怎样回答？先听我讲一个故事吧。

【故事　卖牛肉夹馍的东北女人】

从深圳到广州坐汽车有两个小时的车程。一天晚上，从客户那里出来已经是6：30，要赶7点的末班车回广州，吃饭已经来不及了，不吃饭车上饿两个小时也不好受。最好的办法是路边买些吃的带在车上吃。

皇都广场的天桥底下就是一个站牌，我要等的公交车还没有开过来，人行道上三三两两的小贩有的在卖香玉米，有的在卖臭豆腐，经过短时间的比较，我向一个打着陕西牛肉夹馍幌子的摊贩走去。本来想买个肉夹膜，走近一看她那些不干不净的制作工具，我马上改口说："你给我拿一个馍，不要夹肉!"

"不夹肉一块钱一个，"听话听音，她一下子就猜透我的心思，"夹肉四块钱一个，夹肉的多好吃!"

"我知道好吃，但我不想拉肚子。"这么尖酸刻薄的话，说给一位来深圳讨生活的中年女人，我多少有些后悔。

她听了似乎也不介意，一边从草篓子里取烧饼，一边做出要夹肉的动作，用标准的东北普通话说："你放心，我在这里卖四年了，都是从大超市里进的肉，我女儿放学路过这里，也是吃这种肉夹馍。"（这就是她的销售话术，凭借这几句话笑傲江湖许多年）

然后她停顿了一下，打量着我问："夹些肉?"

听她这么一忽悠，我点点头，想着她的女儿穿着校服戴着红领巾放学的样子，估计她也不会把乱七八糟的死猫赖狗往里面勾兑，于是，眼睁睁看着她麻利地把那滩用菜刀捣鼓得稀糊拉碴的牛肉抹到馍里面。接过来余温尚存的牛肉夹馍，丢下四枚硬币，我匆匆上车。

车开出五分钟，我狼吞虎咽把那个陕西牛肉夹馍吃下去，又把号称含五个柠檬维生素的农夫山泉饮料一口气喝完，开始回忆刚才买馍的一幕，寻思这个卖馍的小贩怎么三下五除二就处理了我这个终端话术研究者提出的异议?

猛然发现，这个女人这套处理异议的话术其实很不一般。

我们共同分析一下：

其一，她在这里卖四年了，这说明什么？经营历史悠久，口碑了得。

言外之意，若有人吃出问题，她早溜之乎也。

其二，都是从大超市里进的肉，又说明什么？大超市意味着原料正宗，安全卫生，质量可靠，就如同蒙牛牛奶来自内蒙古大草原、农夫山泉来自千岛湖。

其三，女儿放学路过这里，也是吃这种肉夹馍。俗话说，虎毒不食子，你想想如果这肉夹馍吃了拉肚子，能让自己女儿吃吗？多么有公信力和说服力的证据。

其四，她打的幌子也非同一般，陕西牛肉夹馍，一看就比较正宗，陕西人给人的感觉就是实在、厚道。她无须支付地域品牌使用费无偿打出这个陕西招牌，很容易让吃过正宗的陕西牛肉夹馍的消费者产生品牌联想而垂涎三尺。对比之下，附近路边卖香玉米、卖臭豆腐的那两个摊贩就没有品牌意识。

车子颠簸了几下驶入高速公路，肚子开始隐隐作痛，是牛肉夹馍不卫生，还是农夫山泉"有点凉"，亦或是牛肉不能与柠檬一起吃，都怪自己饥不择食相信了人家的品牌销售话术。

一个卖肉夹馍的农村妇女还能整出处理品牌异议的四套话术，相信小企业多动脑筋，品牌异议问题也自然会迎刃而解。不过产品质量一定要弄合格！

3. 中品牌不为人知　价格模糊比性能

很多事情都有正反两个方面，大品牌有大品牌的销售优势，也有价格高的销售劣势。二线品牌（中间品牌）不知名是劣势，但价格不透明也是优势。格力的空调最好，消费者会以为他们的价格最高；海尔的冰箱好，消费者认为他们的冰箱不便宜。驾驶奔驰、宝马汽车有档次地球人都知道，看看路上跑的汽车，大多数还是二线品牌。受各方面信息的影响，使得消费者对于这些大品牌有了一个清晰的认识，捏一捏手里的钱包，并不是所有的消费者都去买最贵的大品牌。知道了这个道理，二线品牌（中间品牌）无须与大品牌争风吃醋拼广告，只要肯在终端下功夫，把自己的产品优势打造出来，对消费者说清楚你的产品好在哪里、为什么值这个价钱，也就是说，在产品卖点和性价比上做足文章，消费者一样会投你一票。

京崎手机是2011年刚上市的一个新品牌，从品牌名称到产品设计外观都具有日本产品的风格，可它毕竟知名度不高。面对顾客的品牌疑问，促销员信心不足甚至一筹莫展。为此，公司上下费尽了心思。后来我为他们做了一个话术方案，公司一致通过了以下品牌异议处理话术。

表6-2　　**京崎手机品牌介绍话术**

	品牌疑问	品牌介绍话术
1	京崎是哪里的品牌？	京崎是日本最流行的手机，刚进入中国市场。
2	没有听说过	其实很多国际品牌我们都没有听说过，像爱马仕我以前也没听说过，最近才知道。
3	为什么这么贵？	京崎是日本最流行的手机，18个核心部件都是从日本原装进口的。
4	在哪里生产？	和苹果、诺基亚一样，都是在中国生产。

小结：　几种异议处理

价格异议处理：

初期问价怎么对付、中期问价怎么对付、后期问价“TMD”对付。

功能异议处理：

美化优点、模糊缺点、灵活应对。

品牌异议处理：

大品牌财大气粗抓住要害，小品牌偷梁换柱瞒天过海，中品牌不为人知价格模糊比性能。

第三节 案例拆解——汽油添加剂的异议处理

背景说明

中石油某省招投标一结束，我们就接到一家汽油添加剂企业的一个咨询项目，具体服务内容是迅速破解竞争对手的销售套路，制订出本品牌添加剂的销售话术。

了解得知，在这个省的添加剂行业，活跃着豪特、油工、海啸、油黄金、超级马力、兆牌等众多品牌，以及以此为业的一线销售人员。他们当中精英分子众多，江湖人称“汽油公主”、“柴油王子”等。为了获取一手资料，我借了一辆跑了 20 万公里的越野车，来到他们辛勤工作的加油站，扮演车主开始零距离调查。

这天下午，我驱车来到某加油站，老远就看见传说中扎着马尾辫的“汽油公主”。我调好针孔摄像机正琢磨如何引她上钩，她已跑过来招手为我开道——估计眼尖的她出于职业习惯以为我开的这辆“油老虎”是她的销售对象。

1. 邀约提出来　说好三句话

她引我驻车，问：“加多少油呀，师傅?”

“加 100 元。”我说。我不能多加，因为接下来还要暗访几个油站，让汽车一次喝饱了肚子，到了下一站就没法钓鱼上钩了。

等她开启油箱、预置油表、提枪加油，完成了一系列中石油“加油十三部曲”中的三个规定动作，我指着摆在油表下的一盒添加剂引导她给我介绍："您这是什么东西呀？加多少汽油送一瓶？"

她放下油枪，拿起一排添加剂告诉我说："这是汽油清洁剂，清理积碳，省油的，增加马力的。夏天您不是开空调了吗？得加两瓶！"

张小虎点评

这是邀约提出来。仔细观察你会发现，销售精英提出邀约的时机，一般都是在油表显示到一二十元的时候。此时，他们爱说这三句话：①现在都加清洗剂的，一起给你配加进去？②先加清洗剂还是先加油？③空调开了，加些清洁剂，提升动力。汽油公主提出邀约的话术恰恰是第三句。

2. 毛病指出来　望闻问切法

我放着明白装糊涂地说："开空调就要加吗？加这个有什么好处哩？"

"您开空调，汽油就会燃烧不充分，这个就要加呀！"她接着说："燃烧不充分，就会对发动机不好，油耗就会升高呀，师傅。"

"我这车已经跑20万公里了，加这个还有用吗？"我考她如何针对顾客的疑问，结合顾客的利益点进行讲解。

"肯定有用了，您没有听到您的发动机声音很大吗，师傅？积碳是很多的，您这个喷油嘴里面的积碳很多，您发动机声音太大了，师傅。而且您过来的时候，好大一股油的味道，已经烧机油了是不是呀？您的车油味确实很大，太多积碳了。我看一下您的排气管尾气干不干净。"说完，她向车尾走去。

十五秒之后，她把涂黑了的食指从车窗外伸进来，一脸不屑地说："您自己看嘛！积碳一点水分也没有，正常的尾气是要排水的，证明您这个汽油没有充分燃烧，像您今天加100元钱，只有60元钱可以正常燃烧，是很耗油的，对您的发动机磨损是很大很大的，会越来越耗油。您这个积碳清洗出来之后，油耗量自然就下来了。"

张小虎点评

中医诊断，讲究望、闻、问、切四个步骤；高手卖货，也得给你会会诊，说出个子丑寅卯。不用“望见其五色”，人家一看就“以知其病”——燃油不充分，空调惹的祸；不用“闻其五音”，一听就“以别其病”——就知道你的发动机声音太大；不用“问其所欲五味”，只需一闻油的味道就“以知其病所起所在也”——已经烧机油了；不用“切脉诊其寸口”，一抹排气管就“以知其病在何脏腑”——发动机磨损是很大很大的。

3. 瓶子拿过来　看车开处方

于是我兴趣盎然，并继续提出自己的疑问：“加了以后，它有什么好处吗?”

“当然有好处了。动力好、提速好、省油!”她非常肯定地回答，“您加到3号的时候，这个动力上就可以有明显的感觉。因为加了1、2号以后，它可以把大颗粒积碳分解为小颗粒积碳，3、4号是可以直接清除积碳的，每种成分都不一样，反正您加到3号以后，动力非常好，发动机声音明显降低。”

张小虎点评

添加剂离不开清洗油路、增加动力、清除积碳和节省汽油四大益处。关键是见什么车说什么话。针对小排量车说增动力，针对大排量车说省油，新车说养护剂，老车说修复剂，添加剂简直是个宝，用到哪里哪里好。

4. 配方数出来　一二三四五

“您这五个瓶盖上面分别写着12345，先加几号?”

“每瓶的针对效果不一样。1号清洗油路，清洗油箱，保养发动机。”她快速回答。

没等她说完，我急忙问：“2 号有什么作用？”

“2 号清洗油路，清洗油箱，保养发动机。”她重复道。

“这不是和 1 号一模一样吗？”我开始发难。

“就是嘛，每瓶的针对效果肯定不一样……”她支支吾吾，无言以对，“每一支对您的车都绝对有好处。”

张小虎点评

路上，我调出上午暗访“柴油王子”的录音仔细一听。他开出的配方似乎更有逻辑性：1 号清洁油箱，2 号清油路，3 号清发动机，4 号养护油路，5 号养护发动机。

5. 偷梁换柱来　品牌没商量

“听说有的车加过后，喷油嘴就坏了。”我提出了一个棘手的找茬问题。

“啊，不会的，您看这里每天加七八百瓶，”她指着地上的一筐空瓶子说，“我们服务中国十五年了，是进口品牌，世界 500 强。他加的是什么牌子？他加的是这个牌子吧？（××品牌的销售员不在，她拿起××品牌的）这就不一样了，这个是中××的，还有壳牌的，三个品牌的都是不一样的，您就是不加也该清洗油路了，清洗一次也要七八百块钱。

张小虎点评

瞧见没有，人家是大品牌，堪比同仁堂的老字号。真应了一句话，大品牌财大气粗，站着说话不腰痛，小品牌偷梁换柱，瞒天过海没商量。

6. 用量测出来　排气是参考

“每次加多少？加一瓶吗？”我得问问她想给我压多少货。去年刷墙时，某油漆品牌的促销员一次给我压过 4 桶涂料，用了 1 桶剩下 3 桶。

“一次就要加两瓶，刚才那个福特车就是加两瓶，您以前没有加过，第一次加个1号，第二次加个2号，第三次加3号，连续加五次就可以了。加油的时候加上。2.0以上排量就加两瓶，2.0以下就加一瓶。您的排量有多大，师傅？”

我说：“2.4。”

“2.4就要加两瓶。您的油箱有50升吧？”她问。

我说：“有。”

她说：“有，就要加2瓶，连续加五次，加10瓶。明年这个时候再加，它要管一年。”说着，她又拿出一张彩色宣传单，“您看这张表格吗，写得清清楚楚。”

我问：“加5瓶多少钱？”

“200元钱，您得加400元钱的，加10瓶。”

表6－3

汽车排气量	添加剂用量	添加剂金额
1.8以下	一排5支	200元
2.0－2.4	二排10支	400元
2.5－3.0	三排15支	600元

张小虎点评

给客户压货也要讲究科学和手段。先用12345号的不同用途给你压5瓶。再按照大车多用，小车少用的道理给你压10瓶。然后，给你举证说，添加剂的用量是根据汽车排气量测算出来的，让你不得不信。当然，其中的用量科学与否还有待专家论证。

7. 西医骂中医　同行是冤家

“好，我回去到4S店的维修中心问问，再来您这里加！”我还是比较相信4S店的，尽管那里的东西很贵。

“4S 店肯定不要您加我们的，他要您加他们的，他们的 100 多元一瓶，我们的 40 元一瓶。”她知己知彼，一语道破竞争对手的天机。

“好好好，刚才我加了 100 元的汽油，发票您给我拿过来吧。”我知道她下面的套路应该是“假装开瓶盖，催单看脸色，拒绝再介绍，试倒见分晓”。这是“深圳汽油杀手”告诉我的必杀技，看来我得赶快撤退了。

“发票您自己去拿吧！”她被我折磨老半天，一排添加剂也没有推销出去，再也控制不住自己的情绪，马尾辫一甩一甩地走开了。

驱车直奔宝马、雷克萨斯、讴歌、一汽几家 4S 店，果然印证了“汽油公主”的说法。他们几乎异口同声说：“加油站的添加剂不能随便加，我们这里有原装进口的，价格 100 多，您最好先检修一下再加。”

不等往下讲，你就知道，他们的检修费一定不菲。而且一经检修，不是喷油嘴有毛病，就是油路有积碳——地球人都知道，中医郎中一把脉就是脾胃不和，西医大夫一做心电图、脑电图，不是心脏病就是脑梗塞。

所不同的是，加油站的“中医郎中”使用的是保全疗法，告诉你用了 10 瓶添加剂可以一洗了之，百病全消。总之，添加剂就是包治百病的灵丹妙药。什么五劳七伤、筋骨疼痛、四肢麻木、半身不遂、膨胀噎嗝、无名肿毒、梦遗盗汗、阳弱阴虚……一贴见好，两贴去病，三贴除根。4S 店的“西医大夫”却告诉你，千万别给你的爱车喝加油站的地摊货，万一喝出个前列腺，就会尿急、尿频、尿不净，动一次大手术，比交警罚十次款还贵。

【附注】

望、闻、问、切，最早源于《难经》第六十一难。

曰：经言，望而知之谓之神，闻而知之谓之圣，问而知之谓之工，切脉而知之谓之巧。何谓也？

然：望而知之者，望见其五色，以知其病。闻而知之者，闻其五音，以别其病。问而知之者，问其所欲五味，以知其病所起所在也。切脉而知之者，诊其寸口，视其虚实，以知其病，病在何脏腑也。经言，以外知之曰圣，以内知之曰神，此之谓也。

第四节 训练工具——功能异议的辩证对决

表6－4

辩证看待优缺点　　处理异议巧应对	
正方	反方
简易款的好	豪华款的好
车速快的好	车速慢的好
车座硬的好	车座软的好
减震器软的好	减震器硬的好
车胎宽的好	车胎窄的好
车身重的好	车身轻的好
胀闸的好	抱闸的好
直把的好	弯把的好

使用方法

在店内没有顾客的时候，导购员各选一个观点相互辩论，这是没有标准答案的。最终的结果就是，产品就是硬有硬的好，软有软的好，宽有宽的好，窄有窄的好，达到这种效果时候，对于各种类型的顾客都能灵活应对。

思考题

1. 在现实销售工作中，导购的过程就是彰显产品优点、掩饰产品缺点的过程。与竞争对手的产品功能相比，你销售的产品有哪三个优点、有哪三个不足，你充分地了解吗?

2. 你目前销售的产品是大品牌、小品牌、中品牌?公司有没有下发一个规范的品牌指导书?你是怎样处理品牌异议的?

3. 对于车主来说，汽油添加剂是一种可有可无的产品，远没有被车主所认可，存在诸多异议。阅读三遍案例，体味销售高手是如何一一化解顾客异议的。

答案：略

第七章

Chapter 7

顾客拒绝使绊子　促成交易下套子

耐消品的销售是一件磨人的事情。顾客从逛店到最终购买往往要折腾三五个来回。个中原因一是耐消品单品金额高，怕买贵了；二是耐消品有一定的技术含量，怕买错了。调查发现，电动车等耐消品消费者购物，第一次来门店就购买的顾客不到20%，也就是说，80%以上的顾客需要反反复复仔细权衡才能痛下决心掏腰包。

顾客购买会给出购买信号，顾客不买也会发出不买信号。比如，马上购买的顾客会与导购员讨价还价，不想购买的顾客只关心产品的细节，不追问销售底价。能否从顾客的言谈举止的蛛丝马迹中判断出顾客马上购买或是拖延购买或者拒绝购买，考验着一个导购员技能的高低。

第一节　识别顾客购买的信号

当导购员向顾客介绍了产品的一个重要利益点，或者圆满回答了顾客的一个异议，顾客会发出不同的信号。这些信号有语言信号和表情信号。导购员要像十字路口的驾驶员那样，先识别一下不同的信号，再进行有针对性的处理。

在此，如果顾客发出的是拒绝信号，我们用红灯表示。如果顾客发出的是购买信号，我们用绿灯表示。如果顾客犹豫不定，我们用黄灯表示。见下表。

表 7－1

信号灯	语言信号	表情信号
红灯	你们这个牌子没有听说过，还这么贵！ 你吹得天花乱坠，产品哪有那么好！	冷漠怀疑、眉头紧锁 对产品不屑一顾
绿灯	你说得有道理…… 你们的售后服务怎样？ 最低多少钱吧？ 你真是个好售货员！	频频点头 紧锁的双眉分开上扬 突然放开交叉抱在胸前的手
黄灯	我要和家人商量商量。 这款产品适合我吗？ 我要考虑考虑。	咬牙沉思或者托腮沉思 抓头发、舔嘴唇、坐立不安， 开始和同伴商量

第二节 不同的信号 不同的处理策略

导购员在介绍产品过程中捕捉到顾客的语言或者表情信号，要在脑海里立即予以分类，以便采取下一步的行动。像驾驶员那样既不要在顾客拒绝时闯红灯，也不要在顾客示好时坐失良机。遇到磨磨蹭蹭不知所以的顾客要些小手段“下个套子”也是必要的。

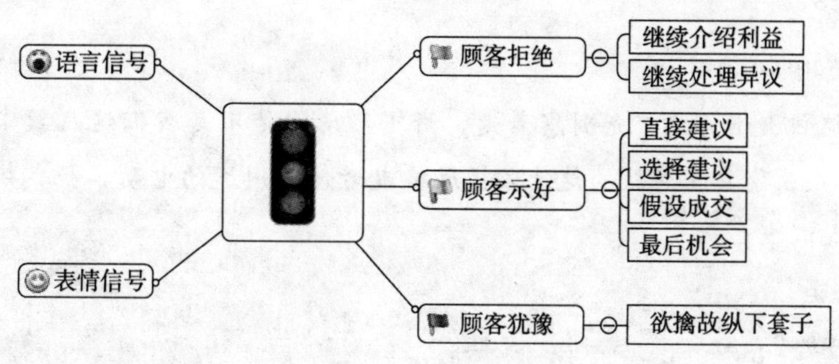

图 7－1

1. 遇到红灯 继续介绍

如果顾客发出的是拒绝信号，导购员就要继续向顾客介绍产品的重要利益，或者继续回答顾客的异议，解决客户的疑问，直到顾客会散发出购买的信号。

面对顾客的拒绝，一些企业的培训教材甚至这样要求导购员：

①若确认客户无意购买，应感谢其咨询。

②不要纠缠客户。

③以个人的名义欢迎客户再次光顾。

④目送客户离开。

笔者认为这种好好先生的做法是要不得的。大家知道，到了2008年，全球的消费环境发生了翻天覆地的变化。当今金融风暴肆虐，顾客需求减少，卖场越开越多，客流量越来越少，产品堆积如山，竞争你死我活，如果我们还像从前那样温文尔雅地使用传统的营销手段销售，效果可想而知。在这里有必要给大家推荐几种看起来很庸俗的策略。

【实用高招：拒绝处理技巧策略】

①挽回

对于不买的顾客，导购员要询问顾客为什么不买。比如：

技巧1：

“这位女士，请您先别急着走，好吗？请问是不是我们这几款车，您都不喜欢，您真正想找的是什么样风格或者什么用途的电动车？我帮您找一找。”

技巧2：

“这位小姐，请留步。真是抱歉，刚刚一定是我没有介绍到位，所以您没有兴趣继续看下去。我再重新帮您找一下适合您的产品，好吗？谢谢您，请问……”（重新了解顾客需求意图）

技巧3：

“这位女士，能不能请您留一下步，我想请您帮个忙。我刚做这一行，麻烦您告诉我您为什么不买？这样也方便我改进工作，真的非常感谢您，是不是……”

对于提高导购技能来说，弄清楚顾客不买的真实原因，也许比销售出一件产品更有价值。顾客购买也许只有一个理由，顾客不买会有各种各样的原因。比如，心里不着急，老产品凑和凑和还能用；产品不了解，货比三家先弄个水落石出再出手；自己不当家，需要民主表决，最好家人都同意；价格不便宜，等待商家打折再送礼；腰包不富裕，最近手头拮据，有心买货无力付钱。

②跟踪

面对拒绝购买的顾客，导购员一定要争取留下他们的联系方式（索取顾客电话号码的6种方式，详见本书第九章《顾客当时不购买　留下电话再销售》），以便后期进行跟踪拜访。如果不能拿到顾客的电话号码，至少把店面的名片或者产品资料递给他，以企顾客主动打电话进一步咨询。同时，导购员要在这个阶段判断并记录下顾客的性格类型、心仪的花色品种，以便在下次沟通中与顾客一见如故。

2. 遇到绿灯　快速下单

很多销售人员都有这样的想法：只要能很好地介绍信息及产品，处理疑问，想买的客户就会自然购买。不想买的，再说多了，也没有用处。殊不知，不敢成交就少有成交。为什么有的导购员不能抓住时机，扣动扳机呢？分析起来大致有以下原因：

①害怕客户反感

很多销售人员有这样的想法：主动建议购买会使客户产生疑心和抵触心理，反而使他们离去。

②心理顾忌

很多销售人员认为：主动建议后若被客户拒绝则很难堪。销售人员会经常遭到客户的拒绝，而有些销售人员把顾客的一次拒绝视为整个销售失败，放弃继续努力。

③被动等待

很多销售人员没有受过成交技巧的训练，向客户介绍完信息及产品、解答完疑问后，如果客户没有反应便不知所措，只是等待，这样也错过了很多机会。

正确的做法是采用以下技巧，快速达成交易：

①直接建议法

当感到客户基本满意时，导购员应积极主动地建议购买并简述购买的好处。

导购员："现在开票吧，这辆红色比较适合您。"

②选择建议法

导购员："现在开票吧，红色、蓝色、白色，这三种颜色您选择哪一种?"

③假设成交法

导购员假定客户已经决定购买，拿起客户信息表格准备填写，与顾客边聊边写。

④最后机会成交法

导购员告诉顾客，"这两天我们做促销活动，您现在买还有优惠。"

值得提醒的是，对同意交款答应购买的顾客，导购员要引领顾客一起去开票，甚至在顾客去开票过程中介绍一些充电常识、保养常识……不停地对顾客说话，直到他把钱交了。目的就是扰乱顾客的思维，快速成交，不要让顾客的脑子反应过来之后而后悔不买。

3. 遇到黄灯　下个套子

客户由于信息有限、环境陌生、对自己需求不能明确，所以往往下决心比较困难，权衡之中经常是各种因素像一团乱麻在心中缠绕，难以理出头绪。如果顾客没有表现出购买信号，或者导购员不能识别出来，就需要直接询问顾客。话术有"先生，您看，还有什么问题吗?""还有什么我没有介绍清楚的吗?""您是否还有想了解的地方?"

也有这样的顾客，虽然感觉产品物美价廉，抱着侥幸心理再杀杀价，软磨硬泡想占更多的便宜。这时候就需要销售人员给他下个"套子"，给他挖一个温柔的"陷阱"，让他"跳"进去。比如，山东一位电动车经销商，为了快速成交，他给顾客设计这样一个"陷阱"。道具其实很简单，也就是一把批发价30元、看起来价值60元的好锁。顾客犹豫时，他会说："这样吧，您也别再砍价了。要么我最后再给您优惠30元，要么我送您一把价值60元的好锁，您选择吧！"（看顾客反应）如果顾客选择其一，正中下怀。如果"狡猾的"顾客两个都要，他顺水推舟，假装很不情愿，半推半就勉强答应。大多数顾客见"好"就收。这个"好"其实就是老板提前设好的套儿。

【故事　故意算错帐】

有个挑担卖菜的憨人，由于他不会算账，总是少收人家钱多给人家菜。比如八角钱一斤的菜，顾客买三斤，应该收二块四角。这么简单的算术，他竟然算作八三二十三，收人家二块三角，顾客当然乐意将错就错付二块三走人。一传十，十传百，卖菜的憨子不会算账的趣闻家喻户晓，贪图小利的街坊自然争相买他的菜。

男大当婚，媒婆子上门求亲，念及他缺心眼憨子一个，给她介绍的女方不是瞎子就是瘸子。为了娶一个俊俏的媳妇，他不得不说出实情，还编了一段顺口溜：八三二十三，人人说我憨，我的卖完了，别人往家担。

原来他是一个貌似愚钝实则精明的销售高手。

顾客为什么抢购这个憨人的蔬菜呢？我想他们不是出于同情，而是想占些小便宜，结果被这个聪明的菜贩儿温柔地算计了。有时候顾客希望买的便宜价格低，有时候还想占便宜，得到别人不能达到的便宜。

以上讲述的是一些促成顾客购买的策略技巧。不过，耐销品的特点就是购买金额大，购买周期长，产品认知低。这就客观上要求导购员要"耐得住"。无论顾客购买与否，都要给顾客留下一个好的第一印象，以增加顾客的回头率。留住青山在，不怕没柴烧。

第三节　案例拆解——半推半就使绊子

【案例一】

金立手机调研小组的老申与老汤再次扮演成夫妻进店调研。促销员介绍完功能后，看他们两个都喜欢，就立刻对汤小姐催单：“老板娘，您真幸福，有那么爱您的老公，那么浪漫，还买手机送给您！您喜欢这个颜色我就给您开单哈？”

张小虎点评

看到顾客的“绿灯”信号，就直接催单，建议购买。相关的手机催单技巧还有：

1. 假设成交法：“我到后面开个正规国税发票给您？”

2. 二选一选择建议法：“现金还是刷卡？”

3. 硬拉顾客成交法：“哎呀，您就买这台吧，放心啦，好啦，走这边办手续。”

【老申口述】

我问：“这个机器多少钱？”

她答：“1680。”

我问：“有点儿贵啊？”

她问：“那您想买一个多少价位的手机呢？”

我答：“1500以内的吧！”

她开始下套儿：“这款手机我们现在做活动，可以送您一张2G的卡，或者给您个58元的手机膜。您选哪一个？”

我说："我两个都要。"

她说："公司有规定，只能让您选择一个。"

我说："那就算了，我们走。"

她马上说："别急，稍等一下，我去打电话请示一下领导。"

我知道，她那位"虚拟"的领导一定会同意。我们不等她回来，迅速逃离了现场。

张小虎点评

在前面我们讲过"遇到黄灯，下个套子，试试顾客反应"。如果顾客选择其一，正中下怀。如果狡猾的顾客两个都要，就顺水推舟，半推半就勉强答应。大多数顾客见"好"就收。这个"好"其实就是老板提前设好的套儿。

给顾客下套，看似简单，有时也不一定为销售方的老板或促销员所掌握。遇到顾客"得寸进尺"时，往往因为一点点小恩小惠不能满足顾客的小小的贪婪而飞单。下面这个反面案例，足以说明这个问题。

【案例二：赠品给一个好过给两个】

2008 年，我为金立手机某地代理商策划了一个"买金立手机送蓝牙耳机"的活动。由于策划和执行高度统一，一天销售手机 4000 多台。

俗话说，教会徒弟饿死师傅。由于邀请我做方案费用不菲，到了元旦，这个代理商决定自己做，并策划了一个主题"全场 8.8 折，再送蓝牙耳机"的促销活动。

这个元旦活动一看就知道其优惠力度比五一大很多。一千多元的手机 8.8 折，多优惠了 200 多元，又送蓝牙耳机。按道理说，元旦的促销力度大，效果一定比五一的效果好。结果，事与愿违，元旦活动虽然牺牲了更多的利润，却只销售了近 2000 部手机，不及五一销量的一半。后来，这位代理商打电话问我，这是为什么呢？

张小虎点评

其实，消费者买东西不是越便宜越好，而是捡便宜才买。因此，我的建议是把活动主题改为“8.8折、送蓝牙，二选一”，即，要么你享受8.8折，没有蓝牙耳机；要么要蓝牙耳机，享受原价格，没有8.8折优惠。

在实际操作中，如果碰见老实巴交的顾客只要其中的一个优惠，你就节省了一个促销品。如果消费者贪占小便宜，他得了一个8.8折优惠还想再要一个蓝牙耳机，先表示不同意，最后再半推半就答应他。

【案例三：顾客不买使绊子】

一天，一位顾客去买高清屏幕的手机，在某手机连锁店看中了金立品牌的高清手机F8，促销员按照培训向顾客讲解了高清的三个鉴别方法：第一点，把手机放在阳光下看是不是清晰的；第二点，下载一段电影，看字幕是不是清晰的；第三点，从不同的视角看，图像是不是清晰的。

这位顾客听完促销员的介绍还是想看看其他品牌的高清手机。这时候导购员怎么办？

促销员：“先生，刚才我跟您说过，高清手机好不好，要从三点辨真伪。您现在不买不要紧，货比三家总是对的，您去看其他品牌的高清手机时，看他们敢不敢让您拿到阳光下去看？”

于是，这位顾客来到某品牌的手机专柜问：“您们有没有高清手机？”

某品牌的促销员拿出一款手机说：“有，这个就是高清屏的。”

这位顾客马上问：“您们的手机可以拿到外面的阳光下看吗，到底清不清晰？”

突然遇到这样一个问题，您想这位竞品品牌的导购员该如何回答？

导购员：“对不起先生，我们公司有规定，手机只能在柜台上看，不能拿到阳光下去看。”

顾客心想：“得，做贼心虚，估计您们的手机在阳光下什么也看不清。人家金立手机就没有这个鬼规定，让我拿到阳光下看。”

这样一来，顾客就会放弃竞争品牌的手机，重新回到金立手机的柜台，成为“回头客”。

张小虎点评

这就是使绊子——顾客不买我们的，也不能让顾客轻易被竞争对手夺走。特别是耐用消费品，顾客一年甚至十年才购买一次。你今天失去一个顾客，就意味着失去了一年甚至十年的顾客。

使绊子是顾客犹豫不决货比三家时的杀手锏。使绊子的要点是你的产品必须有独到的卖点。比如，LG 的促销员会告诉你，LG 的双门冰箱的宣传单上写得清清楚楚采用的"线性变频压缩机"，你去问国产品牌的双门冰箱采用的是什么压缩机，他们顶多只能告诉你是变频压缩机。而"线性"变频压缩机要比传统的变频压缩机优良很多。这就是 LG 双门冰箱独到的卖点，有别于国产冰箱的核心卖点。再去看国产品牌的双门冰箱的宣传单，都只是简单地标注"采用变频技术"。

接下来再看一个卫浴产品的销售"使绊子"的案例。

这个案例是一个卫浴品牌的销售总监提供的。他说，他是这样给顾客使绊子的。如果顾客不买他们的洗手盆，他会这样给顾客洗脑："洗手盆的质量好不好关键看手感。好的洗手盆表面光滑，无毛刺、无涩滞、排水快，不信您来摸摸。"他拉住我的手做实验说："注意，顾客参与体验时，促销员要拉住顾客的手，使顾客用手背接触洗手盆，千万别让顾客自己用手指去摸。因为手背的纹路细密，光滑感强，手指的光滑感弱，滞涩感强。"

"你想，通过体验受到教育的这位顾客，去到竞争对手的专卖店干的第一件事会是什么？对，就是摸人家的洗手盆光滑不光滑。他伸手一摸，人家的洗手盆一定不光滑。为什么？摸我们的洗手盆，我们控制了他的手，用的是手背；摸人家的洗手盆，他用的是手面。其实，一样的洗手盆，给顾客的感觉却不一样。不信你也试试。我原来就是用这种方法给顾客使绊子，灵验着呢。"他洋洋得意地说。

我说，这一招很容易被破解——为竞争对手所掌握。

他说："不错。那你可以换一个招儿。"

我问："换什么招儿？"

“顾客临走时，你这样告诉顾客，先生，你不买我们的洗手盆不要紧，我告诉你如何挑选到好产品。洗手盆好不好，听听声音才知道。好的洗手盆你去敲，发出的声音也是金属的——叮铃当啷。（这时候，需要促销员提前准备一枚硬币藏在口袋里，随时给顾客敲盆儿用）顾客到了竞争对手那里，一般找不到硬币，只好拿一支笔或者车钥匙之类的东西敲盆子，根本无法敲出叮铃当啷的金属撞击声。这个绊子一用，顾客就会乖乖地回来。”

我说：“这个方法竞争对手也容易学”。

这位销售总监不服气地说：“学不了，我还有绝招儿。我教我们的促销员，敲圆口盆别敲方口盆，敲喇叭盆别敲筒形盆，敲上边沿别敲中下部。这些细节竞争对手不知道吧？”

我说厉害！看来如何“使绊子”还另有一套学问。

第四节　训练工具——看清信号说对话

表7-2

顾客拒绝使绊子　　促成交易下套子			
信号灯	语言信号	表情信号	话术
红灯	1. 你们这个牌子没有听说过，还这么贵！ 2. 你吹得天花乱坠，产品哪有这么好！	冷漠怀疑、眉头紧锁、对产品不屑一顾	挽留话术 使绊话术
绿灯	1. 你说的有道理…… 2. 你们售后服务怎样？ 3. 最低多少钱吧？ 4. 你真是个好售货员。	1. 频频点头 2. 紧锁的双眉分开上扬 3. 突然放开交叉抱在胸前的手	直接建议 选择建议 假设成交 最后机会
黄灯	1. 我要和家人商量商量。 2. 这款产品适合我吗？ 3. 我要考虑考虑。	1. 咬牙沉思或者托腮沉思 2. 抓头发、舔嘴唇、坐立不安 3. 开始和同伴商量	下套子

使用方法

一个顾客过来看完货离店3分钟内，导购员开始填写这个表格。回忆顾客信号是红灯、绿灯或者黄灯，并在对应栏打“√”。并且通过以后发生的事实验证自己当初的判断是否正确。

思考题

1. 遇到不同的信号，采用不同的方法处理。若遇到“红灯”，导购员应该（　　）

A. 继续介绍

B. 快速催单

C. 下个套子

2. 文中提到："先生，您看，还有什么问题吗？""还有什么我没有介绍清楚的吗？"根据你的理解进行重要性排序（　　）

A. 当无法掌握顾客的关注点，可以通过类似问题进行引导；

B. 这些话术是在排除顾客会产生的异议，为成交扫清障碍；

C. 如果顾客回答没什么问题，就要抓住契机，马上催单；

D. 以退为进，降低直接催单时顾客的排斥心理。

3. 文中提到：有的客户虽然感觉产品物美价廉，抱着侥幸心理再杀杀价，还有的客户软磨硬泡就是想占更多的便宜。这时候就需要销售人员给他"下套子"，给他挖一个温柔的陷阱。根据你的理解进行重要性排序（　　）

A. 所谓的"套"，是拓宽了顾客甄选的余地，但这是在可控的范围内；

B. 顾客的欲望永远无法满足，"套"给顾客的欲望设定了范畴；

C. "套"是一个心理游戏，满足顾客占便宜越多越好的欲望；

D. "套"能给顾客意料之外的满足，得到后就能封堵其退路，快速成交。

4. 文中提到：当顾客离开专卖店后，要观察顾客去了哪个竞争对手那里，以便心里有数。心里有数指的是（　　）

A. 顾客又去了哪家店，如果顾客再回来，有应对的方法；

B. 顾客又去了哪家店，最终在哪家店购买，分析购买的原因，下次再有类似的顾客改变应对的方法；

C. 观察每个没有现场购买的顾客都会走向哪家店，找到规律后如何给这些顾客"下套"，让他们去了后再回来；

D. 观察顾客又去了哪家店，在哪家店里关注、了解什么，印证自己刚才的接待方法。

答案：1. A　2. CBDA　3. DCBA　4. ABCD

第八章

Chapter 8

顾客犹豫不决时　让他参与让他试

卖西瓜要顾客品尝，卖衣服要顾客试穿，卖电视机要试看，卖汽车要顾客试驾，卖电动车要不要顾客试骑？

在电动车的培训课堂上，问及学员这个问题，得到完全相反的两种论调。一种学员认为不能试骑，担心顾客试骑后反而不买，而且试骑很耽误时间，弄不好顾客顺手牵羊把车给偷跑了。一种学员认为要试骑，说顾客不试一试怎么知道好坏。

其实，这个问题不难解决。当顾客提出试骑时，最好给顾客试一试，让顾客买个放心。再者，当顾客犹豫不决时，导购员最好让其试骑，以增强其购买信心。难以解决的问题是，让顾客试什么、如何试、谁来试？试车时，导购员怎么引导才能突出产品优势促成消费者购买？企业能否建立一套规范的产品演示标准？

第一节 新手上路耐心教 教会徒弟卖出车

按照顾客的状态区分，顾客分为两种，一种会骑电动车，一种不会骑电动车。对于二次购买电动车的顾客来说，电动车好不好，试一试就知道。对于不会骑电动车的顾客来说，试车也白试。除了款式、颜色、价格，顾客对于电动车的了解完全是一张白纸，导购员讲什么都是对牛弹琴。让顾客试骑必须从头教起。与其说试骑，不如说教骑。如果导购员不知道顾客会不会骑车，就得不耻下问。

1. 试骑前的问话

导购员："买双鞋还要试试大小呢，何况几千块的电动车！要不，您骑上来试试？您会骑电动车吧？"

顾客："我不会。"

导购员幽默地说："不会骑也不要紧，我教您，保证5分钟教会。教不会不收钱，教会也不收钱，它比自行车好学得多！"

2. 试骑中的教练

教新手学车的七个步骤：

①给电动车装上备用电池，将电动车推到试骑路线的起点。

②导购员先骑在车上给顾客演示一遍。请顾客骑上车，让其右脚放在踏板上，左脚支地。

③插上限速插头——防止车速过快。

④先让顾客进行刹车学习。让顾客握住左车闸练习左刹车、握住右车

闸练习右刹车，连续握紧3次。再让顾客进行转速把学习。让顾客握住右车把，导购员抓住顾客的手轻轻旋转3次，再让顾客自己轻轻旋转3次。

⑤让顾客自己用右手打开电源锁。

⑥轻轻旋转右车把，等车走动时，抬起左脚。

⑦导购员在后面拉住电动车，以防电动车突然窜出去摔倒顾客。

3. 试骑后的夸奖

导购员：我们的车好学吧？不用师傅教，您一骑就会。您可能感觉我们的车跑得不快，那是因为我给您加上了限速器。等您骑得熟练了，您再来店里，我们可以帮您把它去掉。到那时候，就能跑得快得多！不过在第一星期，您骑得还不熟练，为了您的安全，开始最好低速跑。要不，您再骑两遍？

第二节 内行体验六要点 对比竞品是关键

俗话说，骗得住外行骗不了内行。内行的骑车经验可能比导购员还丰富。让内行试车，真是个头痛事。下面是一套比较规范的试车流程。

1. 内行试车的两项准备

(1) 试骑道路的选择

①大店店内车道：如果专卖店的店内面积比较大，可以设置一条专门的试车道，以供顾客进行试车。

②门前车道：如果专卖店门前人行道宽阔，可以就地试车；如果人行道狭窄，只能到车行道上进行试车。在车行道试车，一定要注意交通安全和车辆安全。

③附近坡道：导购员带顾客到附近的坡道进行爬坡试车。如果附近没有比较好的坡道，经销商可以在专卖店的门前专门修一个坡路，坡度最好选择为22.3°的坡度，这样的坡度骑车带人可以在初速度为零的情况下冲上去。如果超过22.3°的坡道，就需要助跑一段路，才能平稳爬上坡道。

(2) 试骑车辆的调试

①视镜角度：顾客坐好之后，调整后视镜角度，让顾客能良好地观察后面。

②鞍座高度：为顾客调整出最好的鞍座高度，达到最舒适感。

③减震舒适度：将减震器调整到软硬适度，顾客试骑之后可再行调整。

2. 内行试车的三种方式

①顾客自己（单人）试车，导购员在上车前告诉顾客“试车的六个要点”。

②顾客驮导购员试车，导购员在后面指导顾客“试车的六个要点”。

③导购员驮顾客试车，导购员边骑边给后座的顾客讲解“试车的六个要点”。

3. 内行试骑体验的六个要点

表8-1

体验要点	优点	特点	利益点	与普通车（或竞品）对比
1. 起步	起步平缓	电流稳	耗电省、续航长	普通车起步猛、电流大、电池费
2. 刹车	刹车灵敏	刹得死、刹得柔、刹得稳	不侧滑、不侧翻、不甩尾	普通车胎质糙，反应慢，刹不住，距离长
3. 转弯	转向轻、方向正	车把平、车体轻、人车一体	转向灵活、变道快	普通车车头沉、转向重、方向偏
4. 滑行	滑行顺、惯性强	轴心直、运转畅	滑得远、滑得稳	普通车轴心偏、运转涩、距离短
5. 减震	起伏柔、回弹韧	受力匀、结构强	不颠、不硬、不沉底	普通车受力硬、回弹猛、结构弱
6. 爬坡	动力强、不吃力	轻松顺畅匹配好	驮人载重不用愁	普通车爬坡劲不足、不顺畅

表 8 – 2

体验要点	体验话术
1. 起步	您看我们的车 5 秒就能平稳起步，5、4、3、2、1，您看我们的车子是不是平稳的跑起来了？
2. 刹车	我给您试下我们的刹车，我们 3 秒就能刹住了。您抱好我的腰，我开始刹车了，3、2、1，您看我们是不是刹住了。
3. 转弯	前面是个 90°的转弯，骑到那个地方，您转弯试试这车转向轻不轻，甩尾不甩尾。
4. 滑行	前面是平路，您松开油门，滑行 10 米，感觉是不是滑得远、滑得稳。
5. 减震	您从这段木头上轧过去，感觉一下减震效果，是不是不软也不硬、不上窜不沉底。
6. 爬坡	您看门口这坡道够陡吧？我带您爬爬坡，我们两个二三百斤，保证能轻松冲上坡。

注：不是每个要点都给顾客试，而是顾客关心哪一两个要点就试哪一两个要点。

第三节 两人结伴来试骑 夸赞男女有方式

【两个女性试骑时的话术】

女性买东西总喜欢比同伴好看，因此，当两个女性结伴购买分别试骑时，要善意地“挑拨离间”，对留在原地的女性说：“您身材好，尤其您穿这个颜色的衣服，骑起来绝对比她好看！”同样道理，再对试车归来的女性悄悄说同样的话。

【两个男性试骑时的话术】

男性结伴买东西喜欢冒充“内行”。如果一个“内行”男人带着一个外行男人来买车，内行是参谋者，外行是购买者，介绍之后要给购买者试车，请问你是跟着购买者试车还是与“内行”参谋者聊天？

假如你选择帮助购买者试车，把“内行”晾在一边，等你们试车回来，这个“内行”可能又给他物色了一辆，你只好再继续介绍、继续试车。甚至这个“内行”又把买车的领到竞争品牌那里了。我们该怎么做呢？

一位经销商说，遇到这种情况，您让买车人自己去试车，然后恭维这位“内行”说：“您真有眼光，您挑这辆车就像是为您的朋友量身打造的一样！”（先让他臭美一下点头认可，把他的嘴堵上）等买车的外行试骑后推车回来，您不等他与那个“内行”商量，马上对他说：“您朋友也认为这辆车就像是为您的量身打造的，您们两个过来，开个票，就推这辆车！”

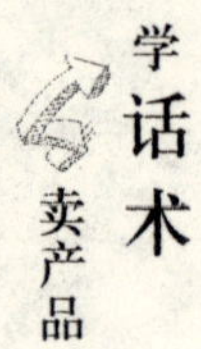

第四节　促销活动要造势　赚取眼球演杂技

像其他行业一样，电动车行业也越来越多地开展广场促销或者门前促销活动，特别是商家开业或国家法定节假日，电动车促销活动此消彼长此起彼伏。在促销现场，表演者如何表演电动车的与众不同，解说者如何哗众取宠搞笑解说呢？参见下表。

表8－3

演示内容	演示动作	主持人话术
1. 整车耐压表演	表演者：5－6人 一人先骑上车，坐上4－5人，起步前踏地或脚蹬助力，以减轻对电池的损害。	电动车它马力大，三人五人都不怕。 ××这辆电动车，拉五个人能上街。 别看这车个头小，拉五个人还能跑。
2. 整车耐撞表演	表演者：1人 握紧双把，推车猛跑，撞向墙壁或电线杆等障碍物，在撞击障碍物前20厘米左右回拉，以减弱冲击力。	电动车，能力强，××的车能撞墙。 有的人他想不开，一心想撞电线杆儿。 电线杆儿别撞断，撞断大伙都停电。
3. 整车耐摔表演	表演者：1人 先将车头内转，防止摔碎车灯或前面板。再将整车向外侧推倒或用脚踹倒。	常在河边走，哪有不湿鞋。 常骑电动车，哪能不摔跤。 肉摔烂自己长，车摔烂没人赔。 要想摔不烂，就买××车。

（续表）

演示内容	演示动作	主持人话术
4. 保险杠牢固表演	表演者：2 人 一人两脚踩地扶稳电动车，另一人手挽手站在保险杠上。	这两个小伙吃得多，重量他有 200 多。 这两个小伙吃得胖，来试试 × × 的保险杠。 保险杠它是铁，保护人还要保护车。 两个胖子压不坏，× × 的车真不赖！
5. 车架牢固表演	表演者：4 人 两人坐在车座上，两人抬起前后保险杠。	车架压坏压不坏，上来俩人抬一抬。 这俩观众你别笑，我知道你俩爱坐轿。 要不，你俩上来试试？
6. 轮胎防刺表演	表演者：1 – 3 人 骑上电动车，从钉板上轧过去，注意钉子要钉得均匀细密。	站一站，看一看，× × 车胎扎不烂。 车胎为啥扎不烂？有无钢板在里面？ × × 车胎防刺穿，三年保修不花钱。

第五节 案例拆解——卖电熨斗的销售高手

在人气较旺的大商场、大超市，我们偶尔会听到耍把式卖艺的叫卖声，从其巧舌如簧的叫卖中，你不得不佩服这些人对产品卖点提炼的精准、描述的生动、演技的高超。虽然他们叫卖的产品价值不高，如无色鞋油、多用削皮刀、万用火柴、儿童玩具等，但他们的销售演示技巧却非常高超，值得我们的导购员学习。

在广州百佳超市的小家电卖场，我逛了一圈，想买一只电熨斗。看了看松下、飞利浦的蒸汽熨斗都三四百元的标价，我开始犹豫起来，这么小一个东西怎么这么贵呀！在我的印象里，一把红心牌电熨斗才二十几元钱，于是我请教附近的工作人员。她告诉我这是名牌，您要觉得贵可以选另外100多元的。我说能不能给份资料，看看这名牌好在哪里。她在纸箱里简单找了一下，一张也没找到，礼貌地说："没问题的，您买回去可以看里面的说明书。"我不知道说什么好，怏怏地走开了。

张小虎点评

敷衍顾客，很难让顾客产生购买欲望。

"老板，看看我们的多功能电熨斗。"在一个立柱旁我被一位中年人叫住，他的热情接待让我很快认出他是厂家严格训练出的专业导购员。就在他靠柱子临时搭建的衣柜前，他给我表演起来。

首先，他一手掀起一件挂着的黑西装，一手拿起一个长茶杯一样的东西，打开开关用蒸汽在上面喷熨。"您看就这么简单几下，一件西装就熨平了。"他嘴里这么说着，刚才还是皱巴巴的一件衣服就平整如镜了。是不是衣料藏有猫腻？我将信将疑："您这多功能电熨斗与普通的电熨斗有什么差别？""这差别可就大了，"听他的口音是东北人，"普通电熨斗熨过的衣服发亮，像涂了一层糊糊。再说，它还需要一块熨烫板，熨完还得晾晒，很麻烦。"

张小虎点评

实事求是地与老产品进行优缺点对比。

"您看这多方便，"说着他又开开关，扯起衣架上的一件白衬衣，开始表演。"男人的衬衣关键是领口，这里皱了会影响您的形象，局部这么一熨，您摸摸多平整！"

张小虎点评

针对不同的顾客身份，进行针对性宣传。

我伸手摸摸点头称是，但还是觉得他选的布料易于打理。也许他看出我的心思，二话没说就去解拧得像麻花一样并打了一个节的"一块布"。等他把布拉开，我才看清那是惨不忍睹的一件真丝衬衫。他说："这种多功能熨斗虽没真丝、毛料、尼龙、纯棉的档位，但它可适用各种面料。您看，这件易皱的衬衫，不出两分钟，我就能把它熨好。"

张小虎点评

留意顾客神情动作，善于捕捉顾客心理。

他一边熨，一边又对我说："您要不介意，我把您这条领带再熨一下。"说着就伸手拉住了我的领带。我刚要挣开，他已把我的领带熨好了。我想，有了这种电熨斗，再也不用去干洗店了。不过，他的热情多少让我有些不快。

张小虎点评

小心热情过头给顾客“粘”的感觉。

熨的功能表演完，他把那件熨过的西服取下来，狠狠地甩在地上，然后踏上一只脚，并在地上蹭来蹭去，看得人揪心。（好在超市的地板不是太脏）然后他把污垢斑斑的西服又挂起来，旋下熨斗的平头，换上刷子头，在污渍上边喷蒸汽边刷洗，说：“这种熨头不仅能熨衣服，还能干洗，今后您就不用洗衣服了。如果您在水囊里加点香水，香气还能渗透到植物纤维里，这样干洗的衣服可香了，您闻闻。”想起他刚在地上踩过，我没有去闻。

张小虎点评

试图用感官刺激打动顾客。

“除此之外，它还可以高温消毒，这蒸汽高达150℃，如果您家没有消毒碗柜，洗过碗碟之后用它喷一喷，保证您没病没灾，全家健康。”

张小虎点评

制造健康卖点打动顾客。

我下意识地说：“我家有。”“那也不要紧，您家的茶几、餐桌、玻璃门窗，总得擦洗吧？您把这种刮水器装上。”他说着装好刮水器，对着展示衣架侧面的一大块玻璃边清洗边说：“餐桌上有油腻用凉水很难清洗，用这种高温蒸汽清洗，又干净又消毒杀菌。”

“这种熨斗是不错，质量有保证吗？这种演示我见得多了，买到家里不是不能用就是没用几下就坏掉了。”我虽想购买可还是心存疑虑。“是呀，很多人都有这样的疑虑，说这塑料不小心掉要地上就碎了。”他答道。

张小虎点评

先接受顾客的异议，用“是的……但是……”法引导顾客。

他说着把刷头旋下来扔在地上。“这是德国进口的GPR塑料，不怕摔，造飞机用的就是这种材料，抗高温抗摔打。”他越吹越玄，左手弯腰去捡扔在地上的刷头，右手又把机身“啪”的一声丢在地上，说：“别担心，没事的，摔得这么重，您看它照常工作。”

张小虎点评

用事实说话，打消顾客疑虑。

“这是我们的专利证书，质量通过国家的鉴定，这是中国质量监测中心卡的章，”他指着立在旁边的小牌匾说（为自己的观点找出书证），“我们公司是个大厂，不仅仅生产这小玩意儿，还生产按摩椅、按摩床，好的按摩床卖10000多元，您说我们的产品能不好吗?”

他这么一番表演，立即引来两位中年妇女的围观，其中一位说：“别人卖119元，您的怎么卖168元?”我不知不觉地参与到他精心布局的演示活动中来，没注意周围的情况，经她这么一说我才发现柱子背后是另一个厂家的同类产品在展销。

“他那是上海国产的，我们这是中外合资的，”见对方的导购员不在，他迅速走过去把上海产的熨斗头旋开，“看到了吧，他这里设计复杂，勾勾槽槽，不易清洗，产生了水垢，还会二次污染您的衣服，”然后他又迅速回到自己的展柜前讲，“我们采用的是水电分离技术，既安全又不会产生水垢。”

张小虎点评

导购员脱岗最容易遭他人“暗算”。

"我给您拿一套吧，现在是特价168元，明天买就是288元，上午我们超市的王总就买了两套。"

张小虎点评

强调机会不多是成交的一大技巧。

我看他如此专业，忽然心生一计，说："别急，我不止要一套，我还要帮您多卖出几套。我明天正好要到一家饮料厂做培训，有60多名业务员听课，我看他们工作挺辛苦，虽穿得西装革履，但经常做些搬饮料的体力活儿，衣服皱巴巴的，我跟他们的头儿说说，让您现场做推销，不收您任何费用。他们刚发工资，100多元的熨斗买得起，卖多卖少就看您的推销水平了。您要有兴趣，给我留个电话。"

第二天，我把这位"江湖艺人"请上了培训讲台，让他给我做了免费助教，讲解"演示在推销中所起的作用"，给学员上了生动一课。我拿的培训费虽然没给他提成，却在课堂上帮他卖出去6套电熨斗。

全文点评

通过这个事例我们可以看出，导购的关键是"三抓"，即抓住顾客的眼、抓住顾客的腿、抓住顾客的心。文中导购员高明之处就在于时时抓住顾客的心。要抓顾客的心就要抓产品的三个点：特点、优点、利益点。三流的导购只能讲出产品的特点，二流导购能讲出产品优点，一流的导购能讲出产品的优点给顾客带来的利益——产品的利益点。如果顾客怀疑你推销给他的利益，你必须向他提供证据：你说熨斗抗摔打，你就摔给他看；你说熨斗能干洗，你就把脏衣服洗干净。这位导购员的可取之处是用高超的演技诠释了产品的利益点。面对理智的消费者，语言介绍并不是产品介绍唯一的方法，也不是最有效的方法，"哑巴卖刀"式的演示能为你的介绍提供更有力的证据。请记住：留住顾客是导购的第一步，介绍产品是导购的第二步，用事实说话拿出证据是导购的第三步。走完这三步，成交也就水到渠成。

第六节　训练工具——试车六步法

表 8－4

顾客犹豫不决时　　让他参与让他试			
顾客姓名：　　性别：　　电话：　　试骑时间：　月　日　时			
测试内容	优	良	差
1. 五秒起步	平稳强劲	平稳	前窜
2. 三秒刹车	刹车柔且刹车死	刹车死	刹不住
3. 90°转弯	车抓地不甩尾	不甩尾	甩尾
4. 十米滑行	滑行远、平顺	运转涩滞，距离一般	滑不远
5. 减震	不颠、不硬	不沉底	不回弹
6. 20°爬坡	带人轻松爬坡	爬坡吃力	爬不动

使用方法

1. 试骑之前，告知顾客试骑的路段和测试的 6 项内容，让顾客自己感觉，以便给出评价并填表。

2. 测试表一式三份，顾客一份，存档一份，粘贴在专卖店内一份。

将这个试车表格交给顾客填写之后，顾客第一感觉就是导购员很专业。导购员把三联单的最后一张贴在墙上，可以给那些没有试车的人看，以此来证明电动车试骑效果很好。

思考题

1. 文中提到："顾客犹豫不决，导购员最好让其试车。"让其试车的好处是（　　）

A. 电动车的好坏从外观只能看出配件及工艺的优劣，只有通过骑行体验才能展现其全部性能；

B. 顾客犹豫不决的时候，需要找一个令顾客信服并能马上做决定的理由，舒适的骑行体验是最好的催单理由；

C. 竞品没让顾客试车，我们让顾客试骑了，就是差异化；

D. 电动车是骑的，不是看的，只有试骑才能知道合适不合适。

2. 文中提到试车后要说"车是不是骑起来平稳、抓地?"的意思是（　　）

A. 这句话一定要在试车后说，试车前不能说；

B. 平稳、抓地是一大卖点，一定要强调出来；

C. 顾客并不能发现出车的好处，要引导说出感受；

D. 别人没强调，但你强调了，这就是你的车独特卖点。

答案：1. ABD　2. BC

第九章

Chapter 9

顾客当时不购买　留下电话再销售

第一节　电话销售是传统销售的必要补充

电话营销和我们平常与家人朋友之间的电话沟通有着本质的区别。我们和家人之间的沟通，主要是沟通信息、联络感情。电话营销是现代商务活动的有效工具和有效手段之一。电话营销的具体作用体现在：

1. 是最经济的主动联系业务的方法；

2. 在最短的时间内可以拜访更多的客户；

3. 是密切与客户关系的最有效工具；

4. 可以突破空间的局限，广泛推广业务。

采用电话与客户沟通，每 5 分钟沟通 1 位客户，1 小时即可联系 12 位客户，效率是上门拜访客户的 2 倍以上。每天打 4 个小时的电话，就可与近 50 位客户进行比较有效的沟通。

电话营销的目的是促成销售，或为促成销售而预约见面的时间。多数情况下，电话本身并不能直接促成销售，要销售可能还需要彼此见面并进行更深的沟通，所以电话就是一个预约见面的有效工具。

在一次电动车培训之前，我们和另外一家调查公司不期而遇，对 6 个电动车品牌的近百家专卖店进行实地走访和电话访问发现，电动车行业对电话营销技能、方法缺失，甚至是不重视。调研测试：

1. 顾客当时不购买，或者店里暂时缺货，你是否询问顾客的联系方式进行电话销售？

结果：98% 的导购员说“不会”，2% 的导购员说“会，而且效果不错。若打 10 个电话，大致 3 个顾客会购买”。

2. 若顾客在家里打电话询问，你会告诉他们电话里说不清楚，然后请他们到店里来看看吗？

结果：6% 的导购员邀请顾客来店细谈，94% 的导购员就事论事。

我们进一步询问，为什么导购员不愿意进行电话销售呢？导购员说，一是，觉得即使这样做也不一定有效果；二是，从自己的亲身经历来看，顾客不愿意被电话骚扰；三是，顾客一般不肯把自己的手机号码留给一位素不相识的导购员，张口要不到电话号码很尴尬。

第二节　索取电话号码的六种方法

导购员如何才能顺利拿到顾客的电话号码呢？这里，笔者总结出几种有效的方法。

1. 请求顾客评价　告诉顾客答案

导购员："您觉得我讲的专业不专业？"

顾客："还行吧！"

导购员："我自己觉得不够好，比如某某方面。我跟公司技术部联系一下，有了结果我告诉您，即使您不买我们的产品，也可以多一点对产品的了解。您的电话？"

2. 咱俩交个朋友　互换一下号码

（如果顾客回答："不用了，谢谢。"那我们就进行下一步）

导购员："没关系，您不买我们的车，我们可以交个朋友。大事我也帮不了您，免费给您修修车、给您的电池加加水还是做得到的。这是我的号码（名片），我们交换一下电话，您的电话是？"

3. 存入我的号码　说出你的号码

顾客："算了，不用了。"

导购员："嗨，我就说嘛，保管名片是麻烦，万一放丢了，就联系不到我了，那您直接存一下我的手机号吧，我的手机是×××××××××

××，您的手机号是？我打您手机上您不用接听。”

4. 传授养护秘方　得到顾客号码

导购员：“电动车的养护很重要，我有一份资料，写的是电池养护的七个方面，保证让您的电池多用 3 个月。您的电话给我，我找到那份资料后告诉您！”

5. 近期优惠活动　等候电话通知

导购员：“听我们老板说，最近有个优惠活动，您留个电话号码吧，到时我通知您！”

6. 请你领份礼品　留个号码存底

“不买没关系，我们送您个小礼品吧，（顾客领取后）来，做个登记，留个电话！”

如果不能拿到顾客的电话号码，至少把店面的名片或者产品资料递给他，以企顾客主动打电话进一步咨询。

第三节　牢记电话回访的三套话术

电话营销有四个关键步骤：

第一步：引起客户的兴趣；

第二步：吸引客户的注意力；

第三步：进行成功的预约；

第四步：促使客户做出承诺。

顾客一般不愿意接受电话销售的。如果没有新鲜的东西，导购员打电话遭拒绝的机会就会很大，所以，一定要在电话的开头就能吸引客户，让他不得不听下去。不要指望客户会有很强的耐心，听导购员讲一些对他而言不太有意义的东西。拿到电话以后，导购员如何跟顾客打电话呢？怎样才能不让顾客对导购员感到厌烦？

1. 拨通顾客电话的瞬间话术

准备给顾客打电话时，最好调阅一下“了解顾客七项需求”的客户档案，做到心中有数，如见其人，然后再拨通电话。

拨通电话瞬间的话术流程是：首先告诉顾客自己是谁，让顾客记得我们，然后提醒顾客自己不是推销车的，而是答应帮顾客找的资料已经找好了，询问顾客如何给他。这样顾客就不会马上挂机。

表9－1

顺序	话术
第一句话	我是××专卖店的小张。
第二句话	前天您来过我们这里看车，您很关注某某方面，是吧？
第三句话	我答应给您找资料，现在找到了。
第四句话	您什么时间过来取？（等待顾客回答）

切记：千万不要说出推销电动车的话！

如此做法是以送资料为名，打消顾客的戒备心理，目的将顾客“骗”到专卖店，争取在店内成交。因此不能露狐狸尾巴——向顾客推销电动车。

2. 通话中发出邀请的话术

卖电动车不同于卖保险，导购员电话回访和登门拜访，旨在制造销售机会，不要苛求电话成交。

①邀请来店

导购员：“我答应给您找资料，现在找到了，您什么时间过来取？”

顾客：“不急，谢谢。”

导购员：“您还是确定个时间，即使我不在，我也安排同事给您准备好。”

（若顾客赴约再次光临，进行新一轮销售）

②顺路上门

顾客：“我住得远，不用麻烦您了！”

导购员：“哦，您住哪里？”

顾客：“我住××××。”

导购员：“我下班正好路过您们小区（您们村），我给您送过去吧？”

（上门拜访，用行动感染顾客及其家人，邀请其再次光临专卖店，进行新一轮销售）

3. 结束电话前刺探信息话术

在顾客没有戒备的时候，在结束电话前导购员询问顾客是不是已经买了车。即，了解顾客还有没有购买的需求。

①顾客已买

导购员不经意地问："唉，您买的电动车好骑吧?"（不能问顾客买没买）

顾客："还可以。"（证明顾客已经购买，估计没戏了）

导购员："什么品牌的?"

顾客："××品牌。"

导购员："祝贺您，这个品牌也是不错的。不过我们的售后更周到。有朋友买车，您可以帮我们推荐推荐。"（挂机）

②顾客未买

顾客："还没有买呢。"（窃喜，顾客尚未购买）

导购员："我以为您这两天已经买过了！为什么还没买呢?"（了解顾客的需求，为后面销售做好铺垫）

导购员："哪天您来我们店，我再给您参谋参谋?"

【电话记录】双方交谈的要点：________________。

第四节 掌握电话拜访的时机

接电话是不受时间限制的，客户何时来电话就何时接听，但主动打电话是有时间艺术的，不同时间给客户打电话，会产生不同的效果。所以，我们要把握好电话营销的时间。

在电话拜访时，导购员要对顾客的时间安排和作息规律有个初步的了解，大体知道哪类顾客何时繁忙何时不忙。

如果顾客属于上班一族，尽量避免在周一电话拜访，因为每个公司周一通常都很忙。如果顾客从事财务工作，就应该尽量避免在月底拜访，因为月底各个公司都忙于结账。如果客户是私营业主，即小老板，电话拜访时间安排在上午10—11点、下午4－5点就比较合适，因为上午8－10点他们忙于开门营业，下午2－4点他们忙于手头的事情，打电话过去效果欠佳。如果顾客是学生或老师，上课时间打电话他们也无法接听，上学前、放学后打电话比较恰当。对于年长已退休的顾客，一般没有太大的时间限制，不过打他们的家庭电话好过打手机。

对于上班一族，还有一个一般性策略是“三不打三必打”。

“三不打”：清晨不打，夜里不打，吃饭不打。老客户可以在晚上9点前进行电话回访，新客户下班后就不要打电话，否则就被视为电话骚扰。

“三必打”：上班1小时后，中午下班前，下午下班前。刚上班时会比较忙，不适宜打电话，1小时后工作都安排差不多了，所以可以打；下班前一般人都会较躁动，时间也比较难挨，所以打电话正好可以排遣寂寞。

对于在流水线上作业的生产工人而言，劳动强度大、劳动纪律严，选择打电话的时间最好在早餐、午餐、晚餐时间。随着新《劳动法》的实施，生产工人大多在周六、周日休息一天或者一天半，休息日的时候打电话更好。

现代化农业机械的大量使用，在很大程度上解放了劳动力。现在的农民已经不像从前那样起早贪黑地劳动，大部分农民还是养成了早睡早起的好习惯。选择一日三餐的时间比较恰当。打电话的时间不要超过晚上10点。

第五节　训练工具——电话销售的四个步骤

表9－2

顾客当时不购买　留下电话再销售		
步骤	策略	话术
1. 拿到顾客号码	讨评语　交朋友 存号码　传秘方 有活动　送礼品	
2. 接通瞬间说辞	我是谁　记得您 答应您　要给您	
3. 了解是否购买	1. 已经购买 2. 尚未购买	
4. 最终达到目的	1. 邀请顾客来店 2. 我们顺路上门	

使用方法

1. 对于暂时拒绝购买的顾客，尝试拿到顾客号码，如果这些步骤做到了就在对应的方法上面画“√”。

2. 对于答应24小时内再来的顾客，届时未来，立即打电话；

3. 对于不知何时再来的顾客，参见本章第四节的“掌握电话拜访的时机”，区别对待；

4. 与顾客进行电话联系后，记录其是否已经购买。若没有购买，他答应何时来专卖店。

思考题

1. 顾客当时不购买，你是否询问顾客的联系方式进行电话销售？

2. 要到电话号码的方式有很多。阅读本章之后，你准备采用哪几招儿？

3. 打电话的目的就是推销产品，本章为什么特别提醒导购员，在接通电话的瞬间甚至整个通话过程中千万不要说出推销电动车的话？

4. 对于上班一族，打电话要掌握电话拜访的时机，文中提到“三不打三必打”策略。

①“三不打”是指：__________、__________、__________。

②“三必打”是指：__________、__________、__________。

答案：略

第十章

Chapter 10

当面交货当面验　使用说明练一遍

第一节　导购的成就　顾客的期望

交货是销售产品的最后一个环节，虽然说整个销售过程几近完成，但只要顾客有不满意的地方，还是有可能让交易功亏一篑，这种例子并不少见。

以电动车交货为例，我们来看看导购在交货的时候应该注意哪些事项。

交车就是开了票、收了钱，导购员或者安装工给顾客交货。最让导购员有成就感的一件事就是交车，因为交车意味着销售的达成。如果交车的工作做得很好的话，能让顾客因导购员的服务而更加满意甚至感动。

电动车马上到手了，顾客会抱有很大的希望。比如，希望产品是原装产品，没有被别人碰过；而且产品一尘不染，更没有刮花或者其他硬伤；希望导购员对于充电、遥控锁等有一个更加完整的介绍；希望提供的产品配件齐全没有遗漏或短缺掉包；也希望得到一些日常养护知识；有些地方交通部门还规定电动车上牌，怎样办理上牌手续也是顾客关心的问题。

围绕顾客关心的这些问题，导购员或者安装工在交车时做好如下工作。

1. 交车的七个步骤

第一步开箱清点：打开外包装让顾客看看电动车附属的配件是不是齐全，看看说明书、充电器、打气筒、雨衣、安全头盔等是否缺少。

第二部散件组装：为了长途运输的方便，电动车的车筐、保险杠、后备箱虽然随电动车发运，出厂时却没有与电动车组装在一起。与电动车配套的电池另行包装或发运。顾客验货后，需要导购员或安装工进行二次组装。

第三步整车调试：让顾客坐上来，看是否需要调下鞍座的高度、后视镜的角度和电动车刹车的松紧度、车胎气压大小。亦称之为“四调”，调鞍座、调刹车、调反光镜，调胎压。

第四步电路检测：检测照明灯、转向灯、喇叭是不是工作正常。检查并演示简易款的自发电功能，保证在缺电情况下脚踏骑行中的行车安全。

第五步教练开锁：教顾客如何使用电机锁，导购员或者安装工演示一遍，让顾客实践两遍。电动车的遥控锁比较复杂，有报警、寻车、静音、开关等按键，导购员不仅要演示给顾客看，还要讲述其中的使用原理和方法。

第六步电池充电：告诉顾客日常不过充，不欠充。要养成当天使用当天充电的习惯。新购电动车首次充电，最好连续充电 18 个小时，但以后每次充电时间最好不要超过 18 个小时。驻车充电，要先插电动车电池插座，再插电源插座；充完电，先拔电源插头，再拔电池插头。

第七步行车安全：停车要关电，防止与人闲谈时不小心启动电机造成电动车前冲。长时间停车需要加锁，电动车丢了，主要原因还是不小心，自己小心了，也就不容易丢东西。电动车为非机动车，行车时不要走机动车道，安全第一。

导购员如此交车的话，顾客会比较满意，感觉导购员比较厚道，不像一个奸商。顾客骑车走时，也是带着一个愉快的心情。

2. 养车的九项告知

电动车的销售要做到善始善终。顾客来的时候主动接待，顾客走的时候要反复叮咛，如家人、朋友出门也送叮咛一两句，送顾客也是如此。

①电动自行车的最大限制时速小于 20 公里，因此使用时应在自行车道行驶，以保证安全。每次使用前，应检查轮胎气压是否充足，车把转向及

刹车是否灵活可靠，电池箱的电气插座、插头是否松动。

②由于电动自行车加速较快，为保证安全，行车时最好脚踏骑行到稳定的速度后再启动电机加速，以免手忙脚乱出问题。电动自行车的加速手把有时不能完全回位，形成事故隐患，因此，需养成加速后及时将加速手把回位的好习惯。

③电动自行车最好的使用方法应是：人助车行，电助人行，人力电力联动，这样才会人省力、车省电、寿命长。如遇上坡、上桥、逆风载重，不可带人或带太重的物体，行驶务必脚踏助力，以避免对电池造成冲击性伤害，影响电池的续行里程和使用寿命。冬季骑行时，尽量采用脚踏助力，这样既可锻炼身体，避免腿脚受冻，又可避免出现因低温状态电池组容量下降、电力不足的现象，也有利于延长电池的寿命。

④在骑行中若需加速，应缓慢旋转调速手把，避免直接加速至最快档。骑行中应尽量避免频繁刹车、启动。在道路拥挤时最好多用脚踏驱动，这样既可增加续行里程，也可延长电池的使用寿命。

⑤注意保持车体的整洁，防止日晒雨淋造成车体及转动部件的锈蚀。雨季使用或路上的积水较深时需注意：若水位已高于轮毂中心线即水位已高于半个车轮，电机已有可能进水时，需关闭电源开关，用人力骑行，切不可再使用电力驱动，并需到特约维修站去检修。

⑥要养成当天使用当天充电的习惯。每天骑行后不管骑行多远都要去充满电，千万不要等电耗尽再充电，也不要在电池倒置的情况下充电。充电要使用配套的充电器，充电器有保护功能，长时间充电一般不超过24小时是不会损害电池的。充电器要避免高温和潮湿，勿让水进入充电器，以防触电。

⑦新使用的电池，充电时间大约需要7－8小时。如果骑行的路程不长，又每天充电，那么充电时间一般需2－3小时。电池长期不用时，应将电池充满电后存放，并定期约1个月充电。若电量显示电池已没电，但一段时间以后电池又有少量电压显示，即为“回升电压”，要注意不得使用这种“回升电压”来行驶，须在充满电后再行驶。电池是有一定使用寿命的，如果一次充电后的最大行驶里程在额定续行里程一半以下，则需要换

电池。更换电池应到特约维修中心更换。不要将不同品牌或新旧电池混用。

⑧每隔半年时间就对电动自行车进行一次维护保养，对传动部件进行润滑防锈，加固各部位的紧固件，调整辐条松紧度。电动自行车电机、电池、控制系统、充电器需要维修时，不要随便拆卸，应到特约维修中心去维修。

⑨润滑是保养电动车的重要内容，应对前轴、中轴、飞轮、前叉避震器转动支点等部件每半年至一年进行一次擦洗，按需加黄油或机油。

第二节　惊喜的售后服务

令人惊喜的售后服务，不是竞争对手怎么做你就怎么做，也不是公司让你怎么做你就怎么做，更不是说明书让你怎么做你就怎么做。说明书上的售后服务是最基本的，你不做顾客会投诉。经销商、导购员需要做的售后就是要做出超出顾客的想象和欲望，比如顾客买车一个小时后，向顾客发个短信，询问顾客的骑行情况。顾客没想到你会发短信，而你发了，那对顾客就是一个惊喜。

1. 巡回各乡镇售后服务

河北省肥乡县有个经销商，组织了七八辆车，巡回各乡镇做售后，到乡村免费检修、免费洗车。据说他的售后中心安装有监控系统，顾客坐在沙发上可以通过监控观察修车情况，堪与汽车4S店媲美。而且给每一个顾客建立一套档案，逢年过节不是送礼物就是送蛋糕。功夫不负有心人，其销量多年稳居全县第一。其服务措施详见本章第四节“训练工具——感动老顾客的时间表”。

2. 销售之后的顾客感动

顾客付款前对他要好，顾客付款后我们应该对他更好。购买之前的所有服务都是应该的，购买之后的感动每一次都是惊喜。

比如卖出去电动车后，一个月内给老顾客打打电话，告诉他们专卖店要举行一次回报老顾客的抽奖活动，老顾客带新顾客来可以参加抽奖（奖品为电磁炉、电饭煲等，至少送一只茶杯），新顾客买车也有一定优惠。

如此这般，一个月举行一次活动，当月上百个老顾客总能带来不少新顾客。

河北馆陶县的经销商专门给老顾客准备了一个茶杯，无论老顾客何时带来新顾客，均赠送一只价值10元的高档玻璃茶杯。农村人对这些小东西还是比较稀罕，因此也乐意带新顾客购车。给老顾客送点其他小礼品，或者把老顾客的车顺便检修、保养、清洗一下，都是不错的方法。一来二去，时间长了，导购员跟老顾客成为朋友，推荐新顾客习惯成自然。

如果直接给老顾客送钱行不行呢？这是不行的。这会让老顾客感觉你看不起他们，也会让新顾客感觉老顾客吃了他们的回扣。

现在摩托车、电动车、自行车的修车店已经开到了乡镇里面，而这些修车师傅也令当地村里人比较信服。如果他们告诉顾客，你的电动车返修率是最低的，村里的人都会比较相信的。对于这样的修车老板，请他们吃吃饭，或者给点烟酒等礼品，给些雨衣雨伞等促销品都是必不可少的。也可以把这些修车师傅定期招集在一起做个电动车维修知识讲座，以加强相互的交流和联系，让修车老板、修车师傅推荐新顾客是切实可行的。

第三节　案例拆解——将细节做到极致

【案例拆解一　裕兴电动车的三包服务】

在河南省西平县步行街，我们微服私访了裕兴电动车的经销商。听罢他对电动车的专业介绍，目睹他的“过钉板”演示，我们问裕兴的三包服务如何。说到三包服务，他滔滔不绝，如数家珍。下面是现场录音剪辑。

他的三包是：四个终身免费不要钱，三个一年免费不要钱。

1. 四个终身免费不要钱

第一，我们的电机终身免费包换不要钱。

第二，我们的车胎终身免费粘带不要钱，走哪粘哪。

第三，我们整车的灯泡终身免费包换不要钱。

第四，我们这个外壳在骑行过程中，有撞击、划痕、摔坏、摔烂全部三包。三包方法如何？假设你在骑行过车中，把这一块蹭得没皮了，怎么办？裕兴公司给了我们一种烤漆材料，我们免费给您上色。如果您摔坏了，裕兴公司给了我们一种设备，叫塑钢焊枪机，从里层焊好，外边打磨、抛光、烤漆，终身免费不要钱。

四个终身免费给您讲了，下面还有三个一年免费不要钱。

2. 三个一年免费不要钱

第一项：充电器在一年以内有一切问题免费包换新的，终身免费维护维修不要钱。

第二项：控制器在一年以内有一切问题免费包换，终身免费维护维修不要钱。

第三项：电瓶在30个月以内有出现一切问题免费包换，终身免费维护维修不要钱。可是我们的电瓶是能用三年半哩，我给您包2年半，您下面会问，能用3年半，您为啥就包2年半哩？因为我们中间必须留有一年的余地，防止我们之间发生争执和口角，我们2年半的电池包您，但是我们电池能用到3年半，我们留上1年的余地。免费终身给您加水、激活、维护、保养，这是终身免费不要钱，因为裕兴公司给咱四台设备，总共是4万8，一台是1万2，专门给我们电池加水、激活、维护、保养，这是我们售后服务的标准。

【案例拆解二　“细”活儿时代的到来】

大手笔的广告投放和市场策划，曾给生产电脑学习机的广东小霸王公司带来了昔日的辉煌。如今，随着科技的进步，小霸王学习机早已升级为学生电脑，小霸王销售方式也由代理转为直销，又由直销转为代理。但是，一年过去了，抢购小霸王的场面还是没有再出现。

难道小霸王真的成了夕阳工业，风光难再吗？难道小霸王缺乏的仅是“大手笔”的市场策划吗？

笔者第一次南下打工失败之后，离开小霸王市场科科长的工作岗位，回到阔别已久的家乡，来到其销售的最后一环——小霸王漯河专卖店（以下简称“小店”），为区区20平方米的小店做“需求制造和销售促进”工作，具体任务是帮店主做些零零碎碎的“细”活儿。

十月怀胎，一朝分娩。借助于暑假到来的大好时机，小店SB2000型学生电脑的销售，一下子窜至河南片区的销售榜首，从店主整日的笑脸不难看出，这一系列“细”活儿，正在并将继续产生巨大的促销作用。

1. 处处留心做广告

①报纸分类广告

笔者刚接手小店的经营，适逢小霸王学习机由分公司直销转为代理制，襁褓中的小店一“过继”就遇上广告宣传的断奶。1998 春节将临，寒假旺季到来，知道小店位置的人还很少，若在当地报纸上做形象广告厂家不出血，小店肯定无钱去做，只好在分类广告栏动动脑筋。广告标题：大家帮帮小虎子。正文：周末，爸爸、妈妈要给我买一台学生电脑，天黑了，也没找到小霸王店专卖的位置。热心的小朋友，你能告诉我吗？落款：焦急的小虎子，电话号码（略）。

该广告在本地教育周刊登出两期后，一批乐于助人的中小学生，纷纷打听小店的位置、找小虎子的电话接连不断。为了答谢这些热心的小朋友，小虎子又在分类广告栏刊登了这样一封感谢信，标题：小霸王专卖店找到了。正文：亲爱的叔叔姨姨、热心的小朋友，你们好！在你们的帮助下，在人民西路 72 号，我终于找到了小霸王专卖店。爸爸给我买了一台多媒体学生电脑……

报社总编曾夸奖这组分类广告套餐是“把萝卜雕成了花儿”。

②报纸童谣广告

同期的《广播电视报》则连续播出“小霸王拜年歌”：

大年初一起得早，问声爷奶身体好。还有爸爸和妈妈，为我操劳辛苦了。

大姐小姑心情好，姐夫姑夫发财了。回家吃顿团圆饭，饭后可别发红包。

二姨三舅你们好，还有外公和姥姥。年年给我压岁钱，今年能免就免了。

新年我要新礼物，不是鞭炮是电脑。就买一台小霸王，大家听了齐说好！

③墙壁粉刷广告

小店对面是一堵30米长的旧围墙，粉刷一下肯定是块做广告的好料子。若请广告公司做，广告费少说也得万儿八千，若自己往上写广告，市政方面罚你千儿八百没商量，何况1998年是漯河的绿化美化年。能不能做成公益广告帮政府尽点儿力？油漆、涂料、排笔准备了一大堆，内容却定不下来。就在这时，市委要求机关工作人员三年普及计算机知识，真是天助我也。第二天，在粉刷一新的墙壁上用红漆写下“市委要求机关工作人员”十个小字，过两天看城管方面保持沉默，就得寸进尺写下了“三年普及计算机知识”九个一平方米的大字，又过了两天斗胆落款为“小霸王专卖店协办”。忐忑不安地过了一周，大家相安无事。突发奇想，一口气跑到城管市容大队申请在全市的建筑工地围墙上，义务书写宣传绿化、美化城市的公益广告，落款为“小霸王漯河专卖店”。

接下来的几个月是笔者手提漆桶沿街书写公益广告的日子。“创卫生城市，建美好家园”“让房屋披上绿装，让阳台吐出芬芳”“家园变花园，人民更康健”等公益广告，堂而皇之地闯入人们的眼帘，小店的美名也随之印在人们的脑海。为增加公益广告的吸引力，再将花草山水、兰梅竹菊点缀于字里行间。工作之余，人们驻足墙前，品书论画，陶冶情操，从而成为街区一景。《内陆特区报》为此还做了图片新闻报道。

④电影票广告

当年5月，《泰坦尼克号》在郑州上映。走出火爆的影院，第一个念头就是赞助该片在漯河上映。但好事多磨，该片在郑州持续轰动，5月底才轮上漯河，而且电影公司期望以此获得十万八万的赞助。出乎电影公司意料的是，企业老总对赞助电影没有兴趣。

到了电影票、电影海报交付印刷前两小时，赞助费还杳无踪影。时间就是金钱，笔者立即出面独家赞助该片。“慷慨”出资一千余元，双方迅速成交。

5月21日，小店门口锦旗招展，代销电影票、赠送电影海报的活动，惊动了盼望已久的年青人，围观的场面几乎阻断了人行道。电影院门口悬挂着“买学生电脑一台奖《泰坦》影票两张”的巨幅横额与影票背面同样内容的广告语相映成趣。电影开始前，听着人们议论小霸王的话题，得意之情难以言表。3 万张影票广告、2 万张海报广告，对于 10 万人口的小城是何等广告效应！美中不足的是当地不能制作片头广告，否则，当年成龙以拳头打天下、其儿子要用小霸王来打天下的精彩一幕又要重演。

⑤公园车身广告

《泰》片尚未演完，我又把目光转向六一儿童节。公园是孩子过节再好不过的地方，孩子是小霸王的上帝，其父母不过是上帝的财政大臣。最初想在公园门口拉条横幅广告，可上千元的制作费、占场费有点令人心痛，有没有更有效、更省钱的办法呢？我在公园转悠来转悠去，儿童乐园除了碰碰车、小汽车、各种转车，占地面积最大、最引人注目的是一列小火车。小火车站有半个足球场大小。如能在小火车上做车身广告一定非同凡响。康佳命名京九列车，小霸王命名儿童列车，绝！

等我们向“列车长”——经营小火车的老板娘说明来意时，她以为这是天上掉馅饼。明天就是六一儿童节，今天竟有人免费将她的旧火车油漆一新，因此再三追问要钱不要。

六一那天，崭新的小火车伴着老板娘的笑脸驶出“车站”。车灯位置是小霸王的“拳头商标”，车头两侧是醒目的“小霸王”三字。车箱是“SB2000 学生电脑，奔向 2000 年”。火车站前人流如潮，为乘坐“小霸王”号首次列车，孩子急得摩拳擦掌，家长忙着按动快门，相册里的“小霸王”将永远陪伴孩子成长。

2. 扎扎实实做培训

早期的小霸王学习机、游戏机，功能单一、操作方便，消费者无需培训就能无师自通。近两年，小霸王公司推出的学生电脑完善了编辑排版功能，增加了软件操作系统和仿 WIN95 操作系统，其功能更加接近真正的 PC 机，客观上要求经营者“升级换代”——由电脑盲成为电脑通。随着买方市场的形成，消费者由盲目转向理智，由幼稚转向成熟。小霸王有货不愁销，外行叫卖应者云集的时代已一去不复返。买学生电脑，孩子学不会咋办？专卖店能否培训孩子学电脑？诸如此类的问题困惑着家长也抑制着产品的销售。难怪一些经销商甚至一些经济界人士以此得出结论：学生电脑走向穷途末路，成为夕阳工业。深入思考不难发现，学生电脑只是到了新一轮引导、教育、耕耘、收获期。传统的卖大白菜式的销售方式，成为学生电脑销售最大的障碍。学生电脑淘汰学习机，专家销售淘汰外行销售成了历史的必然。小店全方位的学生电脑培训呼之欲出。

为此小店高薪聘请北京《海淀报》的文字录入人员来店"坐诊"，又出资送本店营业员接受正规的电脑培训，为以后全方位的培训打下良好的人才基础。

①手把手的现场培训

店员一边演示，一边讲解；学生一边听课，一边练习；家长一边观看，一边琢磨。一次、两次，一周、两周，一月、两月，我们不厌其烦，为买一台学生电脑常常是孩子看了家长看，亲戚朋友拿意见，看了一遍又一遍，不把它看个清清楚楚、明明白白决不购买。因此店里有了一条不成文的规定：如果你的喉咙今天没哑，说明你的工作没做到家。

②培训学校的售前培训

随着现场培训的深入开展，一爿小店，三五台样机已无法接纳更多的消费者，小店又租房开办了当地首家消费者学校——小霸王电脑培训中心，免费培训家长、孩子学电脑。变售后维修服务为售前知识服务，以吸引更多的消费者。

③免费的售后培训

凡在小店购机的消费者，均可享受小店提供的免费培训。时间不限，随到随学，直到学会为止。

④暑假大学生培训

中小学生暑假将临，正当父母为孩子设计暑假生活的时候，10 多万张"'98 暑假中学生电脑培训报名表"轮番发送到他们的手中。36 所小学，15 所中学校门口是身着广告衫的大中专生在现场解答家长关心的有关培训的各项事宜；郊区、县城的大街小巷是一张张红红绿绿的培训海报；几十位中小学校校长，被一个个大中专生电脑培训的热情所感染，友好而又无奈地同意心爱的弟子去接受电脑的洗礼；三四十元让孩子学电脑成了街头巷尾人们议论的热门话题；几百名希望孩子成为电脑高手的家长护送跃跃欲试的孩子涌向10多个电脑培训教室，接受22天的电脑培训。一时间小店拥挤不堪，报名者、咨询者、购机者熙熙攘攘……这就是小店与漯河大学联姻，举办的'98暑假漯河大学大中专生社会实践活动——小霸王学生电脑培训。

3. 无微不至做服务

在产品同质化的时代，除价格因素外，服务更是竞争的利器。顾客衡量产品好坏的标准已由原来的"合格不合格"转变为"满意不满意"。产品的服务从设计、开发、研制到生产、检验、包装、销售，无所不在。无论哪一环出现问题，产品的合格率对顾客来说都等于"0"。同行业服务的竞争不仅是厂家决策层与决策层、管理层与管理层、员工与员工之间的服务竞争，也表现在同行业分公司与分公司、总代理与总代理、经销商与经销商之间服务意识、服务水平和服务质量的竞争。可以说服务竞争已到了兵对兵、将对将的关键时刻，而经销商与顾客面对面的接触式服务更是企业服务竞争致胜的法宝。这就是小店推出"自虐式服务"的理论基础。

①**售出产品终身服务。** 厂家规定：产品出现质量问题，三个月内包换，一年包修；顾客一年、两年、三年前买的小霸王，小店仍然保修。

②**别处购买我来服务。** 本店售出的小霸王，我们保修；其他店柜售出的小霸王出现故障，我们也保修。

③**人为损坏我也服务。** 产品出现质量问题，理所当然地由我们保修；就是顾客使用不当致使产品损坏，我们认为责任在于我们没有给顾客说明白，我们仍有义务给其维修。顾客永远是对的，解决顾客的困难是小店的天职。

④**现场培训上门服务。** 同样是上门安装，我们的上门安装包含上门

现场培训。

⑤**无论多远我都服务。** 同样是免费安装，小店的免费安装几乎无地域限制、无城乡之别。

⑥**销售硬件软件服务。** 小店花上万元买来小学至高中各年级的功课学习软件供学生免费更换，学生持学习过的功课软件可以随时前来更换新的软件。

⑦**谁不满意退货服务。** 自春节以来，小店又推出不满意就退货服务。在产品打开塑料封套前，店员会说：你想想还有哪些顾虑，若有疑虑，考虑好再来。证实顾客无忧虑后再开封，并承诺，若你的家人还有一人对产品不满意，一周内可给你退货。

⑧**顾客不买面子服务。** 最不可思议的是“帮助顾客下台阶”服务。有些顾客特别是收入低的工薪阶层和乡下来的农民，让店员讲解、操作演示了大半天，想买手头没钱或有钱下不了购买的决心，想走又找不出适当的借口脱身，陷入进退两难的尴尬境地。每每这时，店员会说：价值这么高的产品，不一定非要今天买，你到其他地方再转转，比较比较。边说边把顾客送出门。在生意清淡的今天，这需要很大的勇气。出人意料的是今天你给顾客搬梯子送走，明天他真的带上孩子来购买。顾客有时就是这么怪：你拉他走，你推他来。

精诚所至，金石为开。一村民抱着试试看的态度打来电话要求上门安装。笔者转几趟车，找上门亲自服务，感动得这位村民一周内又介绍两户人家来小店购买学生电脑。工商银行一退休的老太太在我们免费培训其孙子的时候，像跑传销一样，又说服其女儿、侄女为外孙、外孙女购买了两套学生电脑。老主顾拉亲戚、朋友、同事来小店者屡见不鲜，我们的“卖点”，也不知何时被其记忆得滚瓜烂熟，讲起来更是绘声绘色。每每这时笔者就会怀疑媒介有时夸大了广告、促销、策划的作用。其实，如今的消费者不是那么容易被感动。真正能感动顾客的，多是些实实在在的“细”活儿。

写到这里不禁扪心自问：这也叫“策划”吗？不，这是“哑巴卖刀”，是在“小题大作”，是“高举牛刀杀鸡”。面对生意难做市场疲软的哀叹，面对晕头晕脑挣大钱时代的结束，面对知识经济的到来，面对消费者的理智与成熟，想方设法出力流汗点点滴滴从心底打动衣食父母——消费者，才是生存、发展之根本。我以此预测："细"活儿时代就要到来，也真的期望这个时代早日到来。

第四节 训练工具——感动老顾客的时间表

表 10－1

感动你的老顾客　让他引来新顾客		
服务内容	服务时机	电话话术
短信问候	售出 1 小时	欢迎购买××电动车，如有问题，请及时来我店调试
日常养护须知	售出第 7 天	电池充电
润滑保养通知	半月一次 3 个月一次 半年一次	免费保养 免费洗车
抽奖与礼品发放告知	每 2 个月一次	
当地修车工座谈会	每 2 个月一次	

使用方法

每月不间断地与老客户沟通一次的目的是为了扩大电动车在各地的口碑宣传，鼓励老客户、修车工带来新客户。

导购员根据这个工具看板，对比下自己平常所作的售后服务，看看哪些点没有做到，哪些点做到了，哪些还需要改进，最后售后服务，为了重复销售埋下伏笔。

事实证明，售后好不一定卖得好，但售后不好一定卖不好。最好的品牌售后也做得最好，不好的品牌售后也做得不好。关于售后，送大家四句话：说到不如做到，要做就做最好，说得好不如做得好，做好也要宣传好。

思考题

1. 交车意味着销售的达成，交车有七个步骤，你做到几个？养车有九项告知，你做得如何？

2. 从河北省肥乡县经销商组织七八辆车巡回各乡镇做售后，到河北官陶县的经销商维护老客户拉拢修车师傅，再到河南省西平县裕兴电动车经销商的三包服务四个终身免费不要钱、三个一年免费不要钱，找找你们在服务方面的差距，并因地制宜加以改进。

3. 案例“‘细’活儿时代的到来”，是本书作者打理小霸王专卖店时的真实写照。其推出“自虐式服务”，曾经感动过当地不少消费者，不知道能否把你感动？

答案：略

宋博士简单管理系列

宋新宇　著

让管理回归简单

——宋新宇博士帮你抓住管理的要害

宋新宇博士针对企业中最棘手、最现实的管理问题，从六个方面，即目标、组织、决策、授权、人才、老板自己，为管理者提出简单易行的解决方案。这些方法立竿见影，帮你抓住管理的要害，让管理变得简单。

让经营回归简单

——宋新宇博士帮你突破增长的瓶颈

让经营回归简单就是让自己（老板）、战略、客户、产品、员工、成长和学习简单。宋博士告诉你经营的秘诀，帮你迅速突破增长的瓶颈。读完这本书，你将会明白：

为什么最容易做的是第一　　比利润更重要的是什么
为什么要裁减客户　　如何在一个弱势行业增长
如何做到让客户主动来找你　　做老板的不易之处在哪里
如何避免老板常犯的37个错误　　如何把企业做大
为什么家族企业也可以做大　　最好的顾问在哪里

让用人回归简单

——宋新宇博士帮你解决用人难题

“得人才者得天下，得人心者得人才”，认清和顺应当今人才管理的八大趋势，运用正确的人才管理方法，才能立于不败之地。

宋新宇博士在本书中从“用人的原则、用人的难题与误区、用人的方法、用人者的修炼”四大方面给中小企业的管理者们指导，帮助他们找到适合自己企业的用人之道。

涨价也能卖到翻

——提高客单价的15个黄金法则

[日]村松达夫　著

厂家、商家都在抱怨:毛利太低,卖得再多也不赚钱!

作为日本知名营销专家,作者针对这一困境告诉你:其实消费者是愿意花钱的,你一定有办法让他高高兴兴地把钱掏出来!

作者在书中,分享了他经过多年实践总结出的15个黄金法则,以帮你提高客单价,即让每个顾客在你的产品上、在你的店里掏出更多的钱,让你的东西涨价也能卖到翻!

卖轮子——选择最佳营销方式

[美]杰夫·科克斯　霍华德·史蒂文斯　著

这是一本特好玩的营销启蒙书,没有枯燥的概念、没有抽象的案例,有的只是古埃及的一对夫妇和他们的四个销售员一起把石头轮子卖到全国各地赚了大笔钱的神奇经历。

你不必期待用这本书解决你关于营销的所有疑惑,但你一定能享受一次妙趣横生的阅读之旅。我敢打赌,这一定是第一本你能够一口气读完的营销书!

中层领导力

——来自世界500强的中层内训课

[韩]崔秉权　姜珍求　金贤基　韩桑烨　著

本书由韩国四位著名领导力专家合力完成。他们来自企业管理现场,通过真实的职场故事,塑造了好中层、坏中层两个形象,帮助中层管理者认清自身管理上的不足,快速提升领导力,更好地激发团队工作热情,实现下属、自身、企业的多赢!

以下为送给中层的"六面镜子":

无能上司造就低能下属　　监工上司造就爱搞小动作的下属

独裁上司造就盲从下属　　自命不凡的上司没人帮

推卸责任让下属无所归依　　工作狂上司身边充满好吃懒做的下属

新书预告，敬请期待：

边干边学做老板

——一个小公司老板的日常管理

黄中强　著

员工百余人，年销售额几千万，问题几百个。像这样的公司该怎么管？

一个成功的资深老板，会把自己十多年的心得透露给你吗？

是的！

这是一个小公司老板写的关于公司日常管理实践的书，还未出版就在天涯论坛“管理前线版”阅读40余万次！

本书将作者在公司经营、管理中的经验教训全盘托出，介绍了做老板必须注意的86个要害。对广大企业经营、管理者有着巨大的借鉴价值！

同时，作者绘声绘色的讲述，一定会在启迪管理智慧的同时，博得你会心一笑。

学话术　卖产品

张小虎　著

一家企业的终端导购员成千上万，真正能说会道的导购员往往只有百分之一二，其他导购员多数抓不住顾客的心。企业需要运用一套标准的销售话术，让导购员知道该和顾客说什么、怎么说。

本书把“顾客进店”直到“最后成交”这个过程细分为十个环节，分析常见的顾客异议，提出破解方案，将复杂的销售程序化，将优秀的话术模块化，让普通导购员也能成为销售精英。

张小虎，长期致力于终端销售话术标准化的研究与实践，著有《终端阵地战》一书。曾两度接受央视经济半小时节目专访，米尔顿·科特勒为其颁发“中国十大创意人”金奖。

为什么你的公司没长大

田友龙　著

小老板的哪些不良习惯阻碍了自己和企业的进步？为什么小老板忙得昏天黑地企业却矛盾重重？为什么小老板煞费苦心却无人可用？面对金钱小老板如何才能摆正心态？什么样的书才对小老板有用？为何小老板要成为企业家有如登天之难？小老板的出路在哪里？

10年时间、1500多个县城、1000多位小老板，为本书作者提供了能近距离接触、研究小老板的机会，从而将小老板的众生相在笔端刻画得淋漓尽致。辛辣的讽刺和批评掩盖不了作者希望小老板成长、发展的良苦用心，更值得小老板们反复思量。

产品炼金术

——打造畅销产品的新思维与好方法

史贤龙　著

本书从重新认识产品的价值、策划畅销产品、制订产品策略、新产品开发、产品线整合、产品生命周期、产品驱动三阶段、产品管理团队的领导、产品驱动的进化等问题出发，告诉你打造畅销品的新思维与好方法。

史贤龙，上海博纳睿成营销管理咨询公司董事长、首席顾问，在中国营销界得到广泛的认可和好评，曾经帮助嘉士伯（Carlsberg）啤酒、青岛啤酒、贵州醇、茅台不老酒、致中和酒业、金丝猴集团、喔喔食品等百余家企业解决营销管理难题。

流程管理

张国祥　著

作者把20年的流程管理和流程咨询经验全部总结在本书里，以中外理论研究为引、实践经验为纲，图文并茂地讲述了：认识流程管理、流程解析、流程设计、流程优化与流程再造、项目体验、观察与思考、流程设计图实例这7个板块的内容。本书按照由易到难的逻辑顺序，先从基本概念出发，一步一步带领读者走进流程管理的世界。

读这本书，实现流程管理从无到有、从有到全。

营销破局八大策略

崔自三　著

对众多的中小企业来说，突破营销瓶颈、提升销售业绩十分必要。本书从八个方面分析企业营销困局，并指出行之有效的破局策略。

结构上采用“困局—破局”的思路，先抛出常见的问题，然后系统地给予解决方案，让读者对症下药、拿来即用。

崔自三，著名营销实战培训专家，曾担任中国啤酒行业四强金星啤酒集团全国营销总监。著有《八闪十二翻——超速营销突破法》，中国第一部励志、实战营销小说《挑战》，经销商研究专著《做一名会赚钱的赢销商》。

做好白酒营销的第一本书

唐江华　著

在新一代的消费观念和剧变的市场环境共同作用下，白酒行业面临着前所未有的机遇和挑战。纵观市场上的白酒品牌，各领风骚三五年，一个市场上一年倒下一个品牌、甚至三个月倒下一个品牌的案例数不胜数。如何能避免这种“宿命”？本书将与多数白酒厂家一起，专门探究这个问题。

唐江华，华泽集团开口笑公司品牌部长。从一线业务员到销售总监，在酒类行业滚打十几年，洞悉行业秘密及行业趋势，擅长酒类新品推广、新市场拓展，上演多起市场起死回生的大戏。是《销售与市场》、《糖烟酒周刊》、《酒类营销》、《新食品》、《中外食品》、《华夏酒报》等多家行业媒体的特约撰稿人。

老板，你的费用浪费在哪里？

——刘孝明老师让堵住漏洞的企业更具生命力

刘孝明　著

这是一本老板想让管理层细读、管理层想让老板思考的书。

这是一本让老板看了后又惊又怒、让员工看了后又爱又恨的书。

作者针对企业费用严重浪费的现象，从理论到实际、从实际到感悟、从感悟到解决方法，直指中小企业种种费用流失的根源，点中堵住漏洞的要害法则。

想减少浪费、堵住漏洞？那就看看这本书吧。

网上做生意就这么简单

——中小企业现学现用网络营销

张进　著

这本书告诉你：网络营销应用技术并非高深莫测，企业完全可以自己掌握，业务员和技术员就是企业最好的网络营销专家。从现在起，建立你的网络营销团队，让你的订单忙不过来！

作者以自己十几年的实践经验和研究探索为基础为你解读：

你的企业适合怎样的营销方式，如何建立并管理好网络营销团队，如何提防网络诈骗……

张进，曾担任多个企业的管理者，现有自己的网络营销公司。多年来积累了丰富的案例，见证了不同行业企业网络营销的成功之路，在此分享给后来者。